Lebenskrisen · Lebenschancen
– eine Buchreihe,
in der Menschen aus eigenem Erleben
oder aus Anteilnahme am Schicksal eines anderen
versuchen, Ereignisse und Empfindungen
zu reflektieren und aufzuzeichnen,
die zu einem Wendepunkt im Leben führten.
Ob die Ursache der Krise
psychische oder körperliche Erkrankung,
das Scheitern einer Partnerschaft,
die Geburt eines behinderten Kindes
oder der Tod eines nahestehenden Menschen war –
sie wurde zum Anlaß, das Leben zu überdenken.

Über das Buch Eine Frau wird durch ihren Partner zur Mutter eines vierjährigen Kindes, und Tim, der Sohn, hat auf einmal zwei Mütter. Bei Thea war er »im Bauch«, wie er immer wieder betont, von Lene läßt er sich versorgen. Lene ist gewillt, Tim eine gute Mutter zu sein, und sie gerät unversehens in heftige Konkurrenz zu Thea. Tim fordert die gesamte Kraft seiner Stiefmutter, ihre berufliche Entwicklung stagniert, ihre Partnerschaft mit Tims Vater gerät in Turbulenzen, und alle ihre feministischen Theorien über Ehe, Familie und Beruf scheinen sich in Nichts aufzulösen. Sie wird krank, und nach einer Kur beginnt alles wieder von vorne: Tim ist mißtrauisch, seine leibliche Mutter enttäuscht ihn ständig, und seine Stiefmutter hat das auszubaden. Es dauert lange, ehe Tim seine Stiefmutter akzeptieren kann als die Mutter, die für seinen Alltag zuständig ist und der er vertrauen kann, und ehe seine Stiefmutter Lene begreift, daß sie ihm nicht die bessere Mutter sein muß.
Ulrike Millhahn, seit acht Jahren Stiefmutter, beschreibt mit Humor und Feingefühl eine schwierige Entwicklung: die ersten Jahre mit ihrem Stiefsohn, durch den sie viel über sich selbst erfährt.

Die Autorin Ulrike Millhahn, geboren 1957, studierte nach einem Zeitungsvolontariat Politologie und Germanistik. Seit 1984 arbeitet sie als Redakteurin bei einer Zeitung.

Ulrike Millhahn

Von der Schwierigkeit, eine gute Stiefmutter zu sein

Fischer
Taschenbuch
Verlag

Lebenskrisen · Lebenschancen
Lektorat: Anke Rasch

Originalausgabe
Veröffentlicht im Fischer Taschenbuch Verlag GmbH,
Frankfurt am Main, Mai 1992

Umschlaggestaltung: Buchholz/Hinsch/Hensinger
Umschlagfoto: Gruner + Jahr Fotoservice
Gesamtherstellung: Clausen & Bosse, Leck
Printed in Germany
ISBN 3-596-11141-2

Das erste Jahr

August '84

»Du brauchst überhaupt nicht nervös zu sein«, hatte mein Märchenprinz versucht, mich vorher zu beruhigen. »Verhalte dich ganz natürlich. Kinder haben ein Gespür für so was!«

Ich verhalte mich also natürlich – was immer das auch heißen mag. Zögere dennoch, als ich an Axels Wohnungstür klingele. In der Tasche habe ich sogar den passenden Schlüssel. Aber heute ist alles anders. Heute werde ich Tim kennenlernen. Axels Sohn. Und der reißt auch gleich die Tür auf. Wir starren uns an.

»Ich heiß Tim, und du bist Lene«, stellt der Kleine ganz lokker fest. »Mein Papa sagt, du arbeitest im gleichen Verlag. Hast du auch ein Tind?«

Während ich angestrengt überlege, was ein »Tind« ist, taucht Axel auf und korrigiert seinen Sohn. »Tim, das heißt Kind, mit einem ›Kaa‹, aber Lene hat kein Kind.« Nein, ganz bestimmt nicht, denke ich und fühle mich reichlich unwohl.

Ein Waldspaziergang soll uns etwas auflockern.

Tim ist vier Jahre und zwei Monate alt. Er fegt auf seinem roten Kinderrad, von einem Stützrad aufs andere holpernd, vor uns her. Kreuz und quer durch den Wald. Warum will mir dabei bloß die Geschichte von »Hänsel und Gretel« nicht aus dem Kopf gehen?

Zögernd greife ich nach Axels Hand, schiele mit einem Auge nach dem Blondschopf, der, scheinbar ganz mit sich selbst und seinem roten Flitzer beschäftigt, immer größere Kreise um uns zieht.

»Und Hänsel nahm sein Schwesterchen an die Hand, und sie gingen die ganze Nacht und noch einen Tag bis zum Abend, aber sie kamen aus dem großen Wald nicht heraus.«

Der große Wald, dort, wo die Hexe wohnt, die jeden verzaubern kann, wenn sie nur will. Auch Tim muß etwas von Hexen gespürt haben, denn plötzlich hören wir ihn weinen.

»Papa! Paaapa tomm!« tönt es anklagend aus dem Gebüsch, keine fünf Meter von uns entfernt. Und Axel eilt zu ihm, ohne das »K« zu verbessern.
»Papa, Arm!« Aus sicherer Höhe blickt der Vierjährige mich über Axels Schulter mit seinen großen blauen Augen an. Anklagend, wie ich finde. Einbildung? Ich schaue mich um. Doch eine Hexe? Oder was hat er gesehen? Vielleicht nur Axel und mich, Händchen haltend, während seine Mutter zu Hause sitzt und die Scheidungsunterlagen ausfüllt? Bin ich die Hexe oder gar die böse Stiefmutter?
Für den Rest des Spaziergangs bleibt Tim dicht bei Axel, fährt sorgfältig zwischen uns. Berührungsmöglichkeiten gibt es nicht mehr!

»Hör mal«, stelle ich noch am gleichen Abend richtig, nachdem Axel seinen Sohn zu seiner Noch-Ehefrau zurückgebracht hat. »Ich habe keinerlei Ambitionen, Mutter zu werden.«
»Sollst du auch gar nicht. Wozu auch. Das Kind hat ja eine Mutter.«

»Rucke di guh, rucke di guh, Stiefmutter bist du!«

Doch ich will sie nicht hören, die beiden Täubchen auf dem Haselbäumchen und glaube, Tim eine Art große Schwester sein zu können, glaube vor allem, mit den beginnenden Scheidungsgefechten nichts zu tun haben zu müssen. Vom Ausnahmezustand »Ehescheidung« weiß ich damals noch nichts. Daß der Kampf um Tim aus einzelnen Schlachten fast zwangsläufig einen Krieg machen würde, ahne ich noch weniger.
Zwar ist offiziell vom gemeinsamen Sorgerecht die Rede, doch unser Alltag sieht völlig anders aus. Jeder sorgt sich ganz allein: Axel – und wohl auch Thea – quält die Angst, das Kind an den Partner zu verlieren. Tim als Opfer hat bereits verloren. Und ich gerate bei dem Versuch, die Situation meistern zu wollen, in einen Teufelskreis von Überengagement, unrealistischen Erwartungen, Ängsten, Aggressionen und immer wieder Schuldgefühlen.

September '84

»Ich muß noch mal in die Firma. Wenn Tim aufwacht, sag ihm einfach, ich bin zum Abendbrot wieder da.«
Nervös laufe ich durch die Wohnung, seine Wohnung. Das erste Mal allein mit seinem Sohn. Es ist früher Nachmittag, und schon bald höre ich den Vierjährigen schlaftrunken nach seinem Papa krähen. Egal wann er aufwacht, auch in der tiefsten Dunkelheit weiß er sofort, ob er bei seinem Vater oder seiner Mutter ist.
»Ich will Papa!« Keine Frage, eine Forderung. Uhrzeiten sind Lichtjahre, Erklärungen sinnlos.
»Papa!«
Ich wiederhole mein »Dein Papa ist kurz mal weg!«, sehe die Panik in seinen Augen, spüre sie selbst.
»Papa!«
Wir starren uns an. Sekunden. Dann beginnt er zu schreien. Je näher ich ihm komme, desto mehr steigert er sich. Flink wie ein Wiesel klettert er aus seinem Hochbett und versteckt sich unten in seiner Höhle. Ich rede auf ihn ein. Er schreit. Ich gehe ins Wohnzimmer. Er schreit lauter. Ich krieche zu ihm in sein Versteck. Er sitzt im Halbdunkel, fest an die Wand gedrückt, wohl in der Hoffnung, sie könne sich öffnen und ihn damit aus diesem Alptraum, der in sein Kinderleben eingebrochen ist, befreien. Die kleinen Fäuste fest gegen seine Ohren gepreßt, beobachtet er mich und legt nochmals um eine Oktave zu. Wen sieht er?

»Die böse Stiefmutter aber war eine Hexe und hatte genau gesehen, wie die Kinder fortgegangen waren, war ihnen heimlich nachgeschlichen, heimlich, wie die Hexen schleichen, und hatte alle Brunnen im Wald verwünscht.«

Ich rufe Axel an. Verkürze mir das Warten mit Grübeleien. Das Weinen hat aufgehört. Wer verwünscht hier eigentlich wen?
Tim steht in der Tür, versucht ein schiefes Lächeln: »Papa tommt!« Mit dem »K« hat er zwar Probleme, aber für einen kurzen Moment ist seine Welt fast wieder heil.

Herbst '84

Ob ich es will oder nicht, Tim beginnt zunehmend, meinen Alltag zu bestimmen. Eigentlich, so heißt es ja immer, soll die erste Phase des Verliebtseins mit die schönste sein. Die Zeit, in der die beiden Liebenden nur sich selbst sehen und den grauen Alltag gar nicht erst hereinlassen. Doch dazu kommt es bei uns nie. Auch wenn Tim nicht anwesend ist, bleibt er stets präsent.
Ich pendele zwischen meiner und Axels Wohnung hin und her, verliere zunehmend meinen Mittelpunkt. Auch Tim wird zum Wanderer zwischen zwei Welten. Manchmal weiß er morgens nicht, wer ihn mittags aus dem Kindergarten abholt. Seine Mutter, sein Vater oder ich? Wir versuchen, unseren Alltag zu organisieren, versuchen, ihm einen Anstrich von Normalität zu geben. Bemühen uns, mitunter verzweifelt.
Hin und wieder ertappe ich mich dabei, uns drei als kleine Familie zu sehen. Warum eigentlich nicht? Doch die Nächte, die Tim bei Axel verbringt, belehren mich eines besseren. Keine Nacht, in der Tim nicht zwei- oder dreimal aufwacht. Schreit. Angst vor dem Einschlafen hat. Angst vor dem Aufwachen.
Tagsüber läßt er Axel nicht aus den Augen. Die Türen müssen grundsätzlich alle offen sein. Schon wenn sie angelehnt sind, gerät das Kind in Panik. Und es schreit, schreit, schreit! Die Anrufe aus dem Kindergarten häufen sich. Tim nehme nur noch apathisch am Geschehen teil und weine häufig.
Dazwischen die Auseinandersetzungen von Axel und Thea, die sich nun zunehmend an Tim festmachen. Das gemeinsame Sorgerecht ist längst vom Tisch, eine Einigung nicht in Sicht. Es gibt keinerlei zuverlässige Absprachen, wer sich wann um Tim kümmert. Das bedeutet für mich, es gibt keine Möglichkeit zu planen. Noch immer will ich an eine Phase glauben, glauben, das wird schon noch. Ich klammere mich an die Hoffnung, daß mit der Scheidung, dem endgültigen Sorgerechtsentscheid alles in Ordnung kommt.
Nur: Welche Ordnung? Das wage ich nicht auszudenken. Irgendwo, ganz tief im Innern, wünsche ich mir, daß Tim bei

seiner Mutter bleibt und zu uns nur noch besuchsweise kommt.

»... wir wollen morgen in aller Frühe die Kinder in den Wald führen, wo er am dichtesten ist; dort machen wir ein Feuer an und geben jedem noch ein Stück Brot, dann gehen wir an unsere Arbeit und lassen sie allein. Sie finden den Weg nicht wieder nach Hause, und wir sind sie los.«

Schuldig fühle ich mich bei meinen Gedanken und verdoppele meine Anstrengungen, Tim nicht nur zu akzeptieren, sondern lieben zu müssen.

Oktober '84

»Nein! Neeeein!« Sein Geschrei wird jämmerlich, und ich weiß inzwischen, es wird nicht so schnell aufhören. Seit Wochen hatte ich mich auf diesen Tag gefreut. Die letzte Etappe eines bundesweiten Friedensmarsches sollte keine fünfzig Kilometer entfernt von uns zu Ende gehen. Doch nun stehen wir hier, nicht Axel und ich, wie ich mir das vorgestellt hatte. Tim ist auch dabei.
»Kein Problem!« habe ich gesagt, »dann nehmen wir ihn einfach mit.« Kein Problem, aber eine Enttäuschung, plötzlich zu dritt zu sein. Doch als wir uns dem Treffpunkt nähern, sehen wir viele Familien mit kleinen Kindern. Die Stimmung ist prima, und der bunte Zug setzt sich langsam in Bewegung
»Nein! Neeeein!« Der Zwerg an Axels Seite stampft mit den Füßen auf wie Rumpelstilzchen und ist nicht dazu zu bewegen, auch nur einen Schritt weiterzugehen. Die Familie vor uns lädt ihn ein, sich mit in den Bollerwagen zu setzen. Energisches Kopfschütteln. Von links kommt das Angebot, ihn mit aufs Fahrrad zu nehmen. Als Antwort kommt Tims Weinen. Die Leute ziehen an uns vorbei, während Axel versucht, mit seinem Sohn zu argumentieren. Aber mehr als ein »Nein« ist dem nicht zu entlocken. Auch in den Bully am Ende des Zuges, in dem Vater und Sohn zwei Plätze zum Mitfahren angeboten werden, will Tim nicht. Wie festgewachsen steht er da, der kleine Kerl. Und schreit.
»Ich hole das Auto«, sage ich leise zu Axel und mache mich

auf den Weg. Spüre eine riesige Enttäuschung, die wie eine Lawine auf mich zurollt.
Schon von weitem sehe ich die beiden. Tim hat seinen Vater fest im Griff, hüpft fröhlich an seiner Hand neben ihm her. Ich steuere das Auto schweigend durch die Landschaft, nehme sein Geplapper nur entfernt wahr.
»Papa. Zu Hause bauen wir eine Burg. Nur für uns allein. Für mich und für dich und für sonst niemand.«
Daß sein Papa ihm keine Antwort gibt, stört den Vierjährigen wenig. Aus der Burg wird während der Fahrt eine perfekt gesicherte Festung, und als wir endlich da sind, hat Tim seinen Vater und sich mit allen Waffen dieser Welt gerüstet.
»Nech, Papa, wir lassen niemand rein in unsere Burg!« bekräftigt er noch einmal, als ich das Auto mit einem Ruck zum Stehen bringe. Ich sehe Axels Hilflosigkeit, die mich plötzlich wütend macht.

»Es kann doch nicht sein«, meint er später, »daß unsere Beziehung an Tim scheitert!« Und er schiebt ein kaum zu vernehmendes »Ich liebe dich doch« hinterher. Wieso nicht, denke ich, um ihn – und mich – dann sofort zu beruhigen: »Wir schaffen das schon.«

Anfang November '84

»Die Stiefmutter schlägt uns alle Tage, und wenn wir zu ihr kommen, stößt sie uns mit den Füßen fort. Daß Gott erbarm, wenn das unsere Mutter wüßte.«

Mir wird klar, daß ich das Ideal, Tim eine Art Schwester sein zu wollen, schon längst aufgegeben habe, mich statt dessen mehr und mehr in Konkurrenz zu Thea sehe, die auch zunehmend an Kraft einbüßt und sich immer weniger um Tim kümmert: »Ihr seid schließlich zu zweit!« sagt sie irgendwann zu Axel.
Trotzdem gelingt es uns, einen Kurzurlaub herauszuschinden. Drei Tage für uns ganz allein. Zum ersten Mal, seitdem wir zusammen sind. Ich träume von einem einsamen Ferienhaus in Dänemark, direkt am Meer, höre schon die Wellen

rauschen und sehe uns gegen den Wind am Strand langlaufen. Schon beim Abschied von Tim spüre ich mein schlechtes Gewissen:

»... und als die Sonne im Frühjahr den Schnee wieder herabgezogen hatte, nahm sich der Mann eine andere Frau. Da begann eine schlimme Zeit für das arme Stiefkind.«

Wir lassen einen weinenden Jungen zurück. Kurz hinter Flensburg stoppt Axel an der letzten deutschen Raststätte. Ich weiß auch ohne Erklärungen, was er jetzt tun wird und sehe das Ergebnis an seinem Gang, als er zurückkommt. Ich will es nicht hören.
»Habe doch noch mal eben angerufen. Timmy hat 39,7 Grad Fieber.« Ich sage nichts und möchte doch am liebsten schreien. Nervös raucht Axel eine Zigarette. Schaut mich von der Seite an. Wartet.

»Rucke di guh, rucke di guh, Stiefmutter bist du!«

Und diesmal sehe und höre ich die beiden Täubchen, die über meinem Kopf kreisen. Ich will die böse Stiefmutter nicht sein, also habe ich auch keine andere Wahl, als die Rückfahrt anzubieten. Der Bann ist gebrochen, ich habe die in mich gesetzte Erwartung erfüllt und werde mit einem dankbaren »Du bist wie eine richtige Mutter« belohnt. Noch kann mich das trösten.
Wir sitzen lange im Auto und überlegen, bis schließlich Axel entscheidet, doch weiterzufahren. »Ich kann ja jeden Tag anrufen.« Und so wird es dann auch. Manchmal telefoniert er einmal, dann wieder zweimal am Tag mit Tim. Einige Male hängt Thea einfach auf, wenn er sich meldet, dann wieder höre ich, wie er sie anschreit, um anschließend ganz leise und sanft mit seinem Sohn zu reden.

Er erzählt von sich. Axel, 33 Jahre alt. Erzählt von Träumen, die sich nicht erfüllt haben; Zielen, die er erreicht hat; Wünsche, deren Verwirklichung er sich noch ersehnt.
Axel, 33 Jahre alt. Bruchstücke einer lieblosen Kindheit. Szenen einer Ehe. Verliebt, verheiratet, in Scheidung lebend. Hoffnungen, Enttäuschungen, Sehnsüchte – und Tim. Immer wieder Tim.

»Ein Leben ohne Tim kann ich mir nicht vorstellen. Ich liebe ihn.« Axel, 33 Jahre alt – und Vater.
Und ich, möchte ich schreien, was ist mit mir?
Wie liebst du deinen Sohn, wie liebst du mich?
Passe ich überhaupt in dein, in euer Leben?
Wieviel Platz willst du mir einräumen?
Kaum gedacht, verbanne ich diese Gedanken sofort wieder.
»Du hast kein Recht dazu«, sagt mir mein Kopf.

»Der Mann hatte keine frohe Stunde gehabt, seitdem er seine Kinder im Wald gelassen hatte...«

Natürlich bin ich nicht die böse Stiefmutter, die ihren Freund zu bewegen versucht, sein Kind für sie aufzugeben.
Die Frage ist nur, welche Rolle ich in diesem Stück spiele?
Ich, Lene, 27 Jahre alt, soeben das Studium abgeschlossen, frisch ins Berufsleben eingestiegen und bis über beide Ohren verliebt. In Axel. Nicht in seinen Sohn.
Ich, Lene, 27 Jahre alt: Lila Latzhosen, hennarote Haare, Diskussionen bis zum Morgengrauen und Frauenselbsthilfegruppen sind mir näher als jede Familienidylle. Glaube ich. Hoffe ich. Mühsam habe ich versucht, mich von den Erwartungen meiner Eltern zu lösen. Habe mich oft verliebt, bin kurzfristige Beziehungen eingegangen, ohne mich je zu binden. Das Wort Ehe kommt bei mir nicht vor. Ganz bewußt habe ich bisher nur mit Frauen zusammengelebt. Über meinem Bett hängt ein Zitat aus Verena Stefans »Häutungen«.
»Der Mensch im Mittelpunkt meines Lebens bin ich!«
Ich, Lene, 27 Jahre alt – und Stiefmutter?

Silvester '84

Ich versuche, die vergangenen Tage zu vergessen.
Heiligabend hat Axel bei Thea verbracht. Mit Tim.
»Das mußt du verstehen«, hatte er gemeint. »Ich kann das Tim nicht antun, er hat sich doch so auf Weihnachten gefreut. Wie sollte ich ihm das auch erklären?«
Aber heute ist Silvester. Tim bleibt bei seiner Mutter, wir sind allein. Nachmittags laufen wir lange durch einen tiefverschneiten Wald.

»Sie gingen den ganzen Tag über Wiesen, Felder und Steine. Abends kamen sie in einen großen Wald...«

Ich bin glücklich, schaue meinen Prinzen immer wieder von der Seite an und fühle wirklich wie im Märchen. Engumschlungen beobachten wir einen traumhaften Sonnenuntergang.
»Es ist wunderschön mit dir«, flüstert der Liebste. »Jetzt fehlt nur noch Tim, dann wäre mein Glück perfekt!«

»Die Frau aber begann ihr Stiefkind zu hassen...«

Um Mitternacht, zur Jahreswende, fange ich an zu weinen. Völlig grundlos, wie ich dem verstörten Axel erkläre und es auch selbst glaube. Noch glaube!

Januar '85

Das Telefon klingelt. Ich kann ihn kaum verstehen, so leise ist seine Stimme. »Wir haben verloren. Zwar hat uns das Gericht beide für gleichermaßen geeignet gehalten, aber dann doch gemeint, das Kind sei besser bei seiner Mutter aufgehoben. Sie haben mir ein großzügiges Besuchsrecht eingeräumt.«
Wir haben verloren. Ich auch? Natürlich habe ich Axel bei seinem Kampf ums Sorgerecht nach Kräften unterstützt, doch jetzt merke ich, daß es vielleicht nur halbherzig war. Ich spüre Axels Trauer, ahne, wie schwer es ihm fällt, diese Entscheidung zu akzeptieren, und fühle dennoch Erleichterung. Eine Erleichterung, die ich nicht vor mir selbst, geschweige denn vor Axel zugeben mag.

»Da warnten es die guten Zwerglein und sprachen: ›Hüte dich vor deiner Stiefmutter...‹«

Ich schweige, als Axel Überlegungen anstellt, ob er von seinem Recht, Einspruch zu erheben, Gebrauch machen und den Sorgerechtsentscheid anfechten soll. Es besteht die Möglichkeit, in die Berufung zu gehen.

»Hüte dich vor deiner Stiefmutter...«

Axel will Tim und mich.
Tim will seine Eltern, Axel und Thea.
Ich will Axel. Will ich Tim?
Und Thea. Thea wollte Tim. Selbstverständlich und unbedingt. Doch nun ändert sich die Situation plötzlich.
Thea möchte Tims Versorgung auch weiterhin aufteilen. Die eine Hälfte der Zeit bei ihr, die andere Hälfte bei Axel. Die Auseinandersetzungen gehen weiter. Die Situation verschärft sich. Thea droht mit allen Machtbefugnissen des sorgeberechtigten Elternteils im Rücken. Axel droht ohne jegliche Machtbefugnisse. Und Tim droht, verrückt zu werden. Noch immer weiß er morgens nicht, wer ihn mittags aus dem Kindergarten abholt. Seine Sprachprobleme werden schlimmer. Schlafstörungen haben wir inzwischen alle. Die mitternächtlichen Streitigkeiten zwischen Thea und Axel am Telefon reißen nicht ab. Noch immer gibt es keine zuverlässigen Absprachen, wer sich wann um das Kind kümmert.

Mitte Februar '85

Axel trifft eine Entscheidung. Er will in zweiter Instanz das Sorgerecht für sich einklagen.
Werde ich ihn unterstützen?
»Wir schaffen das schon«, versichere ich ihm und bin davon überzeugt.

Frühjahr '85

Ich habe das Gefühl, über Nacht eine andere geworden zu sein. Mit Tim an der Hand durch den Alltag zu gehen bedeutet, Altvertrautes plötzlich wie durch einen Schleier wahrzunehmen. Ein Kind kann unsichtbar machen. Erstaunt registriere ich die Reaktion der Männerwelt, wenn ich Tim bei mir habe. Keine Blicke oder versteckten Offerten, sondern Gleichgültigkeit. Als »Mutter« falle ich aus dem Angebot der begehrenswerten Objekte heraus.
Dafür werde ich für bestimmte Frauen interessant, die bisher meiner Wahrnehmung entgangen waren. Ältere Damen zum Beispiel, die ohne jegliche Hemmungen Tim begutach-

ten, ihn anfassen, ihm Bonbons und mir Gespräche aufdrängen.

Von anderen Frauen mit Kindern werde ich in den Geheimzirkel der Mütter aufgenommen. Sie verständigen sich durch ein knappes Lächeln oder Augenzwinkern auf der Straße, ein gemeinsames Seufzen im Kaufhaus, ein schnelles Austauschen von Problemen an der Supermarktkasse. Als ob ich den scharlachroten Buchstaben tragen würde, gehöre ich plötzlich dazu und fühle mich doch fremd: Viele Signale kann ich nicht deuten, die Riten sind mir unbekannt. Tim dagegen bewegt sich auf vertrautem Boden, legt meine Verwirrung und Sprachlosigkeit ganz richtig aus und versteht es, jede neugierige Anfrage schon im Keim zu erstikken.

»Das ist nicht meine Mama«, verkündet er lautstark jeder und jedem, der es hören will – oder auch nicht.

»Meine Eltern scheiden sich gerade«, fährt er dann fort, und bevor er zu ausführlichen Erklärungen ansetzen kann, versuche ich mit hochrotem Kopf, ihn aus dem Geschehen herauszuziehen. Was sich besonders in der Warteschlange beim Schlachter oder in der vollen Straßenbahn als schwierig erweist. In den meisten Fällen ist damit zumindest jedes Gespräch abgeblockt. Tim erntet einige mitleidige und ich zahlreiche strafende Blicke. Ich kann das Wort EHEBRECHERIN förmlich riechen.

Aber auch die Reaktion meiner eigenen Familie und meiner Freundinnen irritiert mich. Während ich mich noch immer verstohlen in den Schaufensterscheiben mustere, ob ich das wirklich bin mit dem kleinen Knirps an meiner Seite, scheinen alle anderen meine neue Lebenssituation für selbstverständlich zu halten.

Natürlich, meine Eltern sehen sich nun am Ziel ihrer Wünsche. Endlich steuert auch ihre rebellische Tochter auf den Hafen der Ehe zu. Wenn auch mit einem Secondhand-Mann und einem bereits vorhandenen Enkelkind, aber das können sie sehr viel leichter akzeptieren als mein bisheriges Leben.

Und meine feministischen Freundinnen? Alle haben Verständnis, wenn ich Verabredungen nicht mehr einhalte, die Frauengruppen nach und nach aufgebe und mich immer stärker auf Mann und Kind konzentriere. Niemand warnt mich, daß dieser Weg auch ein Holzweg sein kann...

»Rucke di guh, rucke di guh, Stiefmutter bist du!«

Entschlossen stürze ich mich in das Abenteuer Stiefmutter.
In den Buchhandlungen gehe ich an der ehemals so von mir geschätzten Abteilung mit Frauenliteratur vorbei und wende mich dem Bereich »Ratgeber« zu. Hier scheint es kaum Abschnitte in der Kind-Eltern-Beziehung zu geben, die noch nicht erforscht und literarisch aufgearbeitet sind. Bis auf das Thema »Stiefeltern« – das ist nirgends vertreten. Als ich die junge Verkäuferin danach frage, schaut sie mich entgeistert an und meint:
»Da müssen Sie schon in die Märchenabteilung gehen. Die Brüder Grimm haben doch darüber geschrieben.«
Bei meinen Streifzügen durch die Stadt ertappe ich mich dabei, wie ich nach Sonderangeboten für Kindersachen Ausschau halte. Beim Einkaufen versuche ich, nach ernährungsbiologischen Gesichtspunkten vorzugehen (wie mein Ratgeber »Gesund essen im Vorschulalter« es empfiehlt) und in den Musikgeschäften entdecke ich »Benjamin Blümchen« – und »Bibi Blocksberg«-Kassetten.
Und bekomme steten Applaus von allen Seiten. Meine plötzlich erwachte »Mütterlichkeit« läßt meine Eltern glücklich aufseufzen, meine Freundinnen verständnisvoll nicken, Axel ruhiger schlafen, nur Tim ziemlich kalt.
Er beobachtet mich skeptisch, und ich behandele ihn wie ein rohes Ei. Überlege mir jede Bewegung im voraus, um ihm auch ja keine Zärtlichkeiten aufzuzwingen, die er nicht haben will. Gehe ich mit ihm allein, ist es seine Entscheidung, ob er mich anfassen will oder nicht. Sind wir zu dritt, weist er mir energisch meinen Platz zu: Er läuft stets zwischen uns, Hand in Hand mit seinem Vater. Ich verstehe erstmals den tieferen Sinn des Satzes vom fünften Rad am Wagen.
Tim und ich umkreisen uns, peilen genaustens die Lage und versuchen beide, an Terrain zu gewinnen. Mal muß er zurückstecken, mal ich. Mit einer geradezu meisterhaften Intuition weiß der Zwerg schon nach kürzester Zeit, womit er mich am besten treffen kann.

Ich binde ihm die Schuhe zu.
»Meine Mama macht das aber ganz anders.«
»Mag sein Tim, aber ich mache das so.«
»Das geht aber bestimmt wieder auf.«
»Schau mal Tim, ich mache meine Schleifen immer so, und sie gehen nie auf.«
»Meine Mama sagt aber...«
An dieser Stelle falle ich ihm entnervt ins Wort. »Ich bin aber nicht deine Mama!«
Tim strahlt mich charmant an: »Nee, das weiß ich. Meine Mama ist viel schöner als du. Und wenn meine Mama mir die Schuhe zubindet...«

März '85

Axel hat wiederholt zwei Damen vom Jugendamt zu Gast, die ungeniert seine Wohnung inspizieren und bereits dreimal nachgefragt haben, wieso ein Vater denn darauf käme, das Sorgerecht für sich einklagen zu wollen: »Meinen Sie denn nicht auch, daß das Kind bei Ihrer Frau viel besser aufgehoben ist?« Axel meint das ganz und gar nicht.
Als die Damen mich zum ersten Mal begutachten, haben sie keine Hemmungen, nach Heiratsabsichten zu fragen. Ob ich es ernst meine mit der Beziehung; ob ich mir vorstellen kann, Tim eine Mutter zu sein; ob ich auch darüber nachgedacht habe, wie ich mich dem Kleinen gegenüber verhalten will, wenn ich selbst einmal ein Kind habe; ob, ob, ob...
Ich lächele freundlich und weiche aus, flüchte mich in Allgemeinplätze, kann die Antworten, die vielleicht alles einfacher machen würden, nicht geben. Weiß sie nicht. Noch nicht.

Ostern '85

Und dann scheint mir der Himmel – oder ist's vielleicht doch die böse Hexe? – jede Entscheidung abzunehmen.
Thea ruft bei Axel in der Firma an, teilt ihm mit, sie brauche dringend Urlaub und würde einige Wochen wegfahren. Er möge Tim in den nächsten zwei Stunden bei ihr abholen, die Koffer seien bereits gepackt.

»Das darf doch nicht wahr sein«, ist meine erste Reaktion, aber viel Zeit zum Nachdenken haben wir nicht. Als ich am frühen Abend nach Hause komme, steht er da, der Zwerg. Mit einem Riesenkoffer neben sich, zwei Kuscheltieren im Arm, die Taschen mit Siku-Autos vollgestopft. Sohn – und Vater – schauen mich an. Erwartungsvoll. Ängstlich.

»Da sprach die Frau zu des Mannes Tochter: ›Hör, sag deinem Vater, ich möchte ihn heiraten, dann darfst du dich jeden Morgen in Milch waschen und Wein trinken.‹«

Nein, Tim, denke ich, Milch und Honig will ich dir nicht versprechen, aber ich will mein Bestes tun.
»Tutte mal«, sagt Tim, mit dem »K« und den Tränen kämpfend, »das ist für dich«, und er drückt mir eine kleine Plastikfigur in die Hand. Einen Trommler.
»Na prima«, lächele ich ihn an, »wenn du in Zukunft traurig bist, sagst du einfach dem Trommler Bescheid. Wenn der dann trommelt, weiß ich, daß du Trost brauchst.«
»Ja«, meint Tim und schluckt, »ich glaub, ich hör ihn jetzt grad trommeln. Du auch?« Ich nicke und nehme ihn zum ersten Mal spontan in den Arm. Meinen Stiefsohn.
»Hey, Männer, wir schaffen das schon«, muntere ich die beiden nach einer Weile auf und glaube, wie Atlas die Welt auf meinen Schultern tragen zu können.
Bis weit nach Mitternacht sitzen Axel und ich zusammen und überlegen, wie wir den Alltag organisieren wollen. Als Journalisten müssen wir beide regelmäßig bis Mitternacht arbeiten. Bislang hat sich Thea nachmittags um Tim gekümmert. Einen Ganztagsplatz im Kindergarten werden wir mit Sicherheit nicht von heute auf morgen bekommen. Außerdem wissen wir auch, wie unwohl sich Tim dort zur Zeit fühlt. Also bleibt nur, per Annonce eine Kinderfrau zu suchen. Unsere Arbeitszeiten wollen wir in Zukunft so legen, daß einer von uns wenigstens abends immer bei Tim ist.
»Wie gut, daß wir im gleichen Verlagshaus arbeiten«, scherzt Axel, »und uns wenigstens noch in der Kantine sehen.« Wir ahnen nicht, wie sehr sich seine Prophezeiung bewahrheiten wird.

»Rucke di guh, rucke di guh, Stiefmutter bist du!«

April ’85

»Ich muß Ihnen eine Mitteilung machen. Ich werde Mutter.« Als mein Chef gleich um mehrere Nuancen bleicher wird, verbessere ich mich schnell: »Stiefmutter!«
Nun ist seine Verwirrung komplett. Kurz schildere ich unsere Lage, bitte ihn, mich von einigen Spätschichten zu befreien. Seine Erleichterung darüber, daß ich nicht als Schwangere vor ihm sitze, ist groß, und er zeigt sich erstaunlich kooperativ, sogar verständnisvoll. Auf zwei Spätdienste pro Woche läßt er sich herunterhandeln, wünscht mir Glück. Ob er als Vater von drei Kindern mehr weiß als ich?
Axel ist weniger erfolgreich, muß auch in Zukunft an drei Tagen pro Woche bis 22.30 Uhr arbeiten. Dafür gestaltet sich die Suche nach einer Kinderfrau einfacher als erwartet. Sie hat selbst einen Jungen und ein Mädchen – nur wenig älter als Tim – und ist bereit, ihn jeden Mittag vom Nachbarort aus dem Kindergarten abzuholen. Als sie Tim Kartoffelpuffer, Milchreis und Hühnchen verspricht, ist er schnell bereit, sich auf das Unternehmen ›Tagesmutter‹ einzulassen.
Tim, vier Jahre und zehn Monate alt und drei Mütter...

Frühsommer ’85

Es ist offensichtlich, daß wir zu dritt auf Dauer nicht in Axels Zweizimmerapartment leben können. Ein Jahr lang habe ich mich gewunden, nun muß ich Farbe bekennen.
»Ein Zusammenziehen auf Probe scheidet aus. Das kann ich Tim jetzt nicht auch noch zumuten.« In diesem Punkt ist Axel sehr bestimmt: »Ich bin sicher, daß wir es zusammen schaffen, wenn wir nur wollen. Du mußt nur wissen, ob du tatsächlich willst.«
Ich bin mir ganz und gar nicht sicher, denke an die vielen, vorwiegend nächtlichen Auseinandersetzungen, die wir in den vergangenen zwölf Monaten zum Thema gemeinsame Wohnung schon hatten. Mein Vorschlag, zwei Wohnungen im gleichen Haus zu suchen, erweist sich als nicht praktikabel.

»Mensch, betrachte es doch einfach als so eine Art Wohngemeinschaft«, rät mir meine beste Freundin. »Mit uns beiden hat es doch auch immer prima geklappt.«
Wohngemeinschaft mit Mann und Kind? Ich bin skeptisch. Dann wieder sehe ich meinem Märchenprinzen in seine strahlend blauen Augen und schmelze weg. Wieso eigentlich nicht? Andere schaffen das schließlich auch, und ich liebe ihn ja.
Ich stelle eine einzige Bedingung: Ein eigenes Zimmer mit eigenem Bett! Ich bemühe mich, Axel zu erklären, wie wichtig es für mich ist, diese Rückzugsmöglichkeit zu haben: »Ich muß auch allein sein können. Muß in der Lage sein, die Tür hinter mir zuzumachen. Ich brauche Raum für mich!«
Meine Forderung paßt so gar nicht in Axels Vorstellung von einer romantischen Beziehung, doch ich lasse nicht mit mir handeln.

Mai '85

Das Jugendamt zieht Erkundigungen ein. Im Kindergarten, bei Nachbarn. Thea wird zu einem Termin geladen. Axel wird zu einem Termin geladen. Schließlich ich auch.
»Ja, ich bin bereit, mich gemeinsam mit Tims Vater um den Jungen zu kümmern.« Ich meine es ernst, wirke wohl auch überzeugend. Die beiden Damen ziehen sich zur Beratung zurück, teilen mir dann mit, daß sie eigentlich vorhatten, Tim unter Vormundschaft des Jugendamtes zu stellen, da sich die »Kindeseltern« zur Zeit ja offensichtlich nicht einigen könnten. O nein, nur das nicht. Klein-Timmy: ein Oliver Twist im vergitterten Waisenhaus?
Eine »Absichtserklärung zur Eheschließung mit dem Kindesvater«, die die zwei gern gehört hätten, will ich immer noch nicht geben. Ich sage ihnen statt dessen, daß wir zusammenziehen werden, daß wir uns lieben und füge etwas leiser hinzu, ich würde mich auch bemühen, Tim zu lieben.
Die Damen nicken. Erneute Beratung hinter verschlossenen Türen. Ich sehe mich währenddessen in dem khakigetünchten Raum um, der mindestens 2,50 Meter hoch und trotz eines heißen Vorsommertages furchtbar kalt ist. Mein Blick

fällt auf die kümmerliche Grünpflanze, die am Fenster ihr Dasein fristet. Und draußen in der Sonne am Fenstersims sitzen die beiden weißen Täubchen:

»Rucke di guh, rucke di guh, Stiefmutter bist du!«

Ja!
Hier lasse ich Tim nicht. Auf gar keinen Fall.

Juni '85

Das Landgericht, das in zweiter Instanz für den Sorgerechtsentscheid zuständig ist, fordert ein psychiatrisches Gutachten aller Beteiligten an. Wenige Tage später erhält Axel den Bescheid, daß Thea aufs Sorgerecht verzichten will. Sie wird bei diesem Entschluß bleiben.
Am 5. Juni ist Axel offiziell allein erziehender Vater, laut höchstrichterlichem Beschluß. Zwei Tage später stehen Axel und Thea wieder vor einem Richter. Ihre Ehe wird geschieden. Es ist der 7. Juni, Tims Geburtstag.
Tim, fünf Jahre alt – und Scheidungswaise?

Mitte Juni '85

Wir jagen mit stark überhöhtem Tempo durch die Stadt. Axel versucht, sich nichts anmerken zu lassen, aber ich fühle, welche Anstrengung ihn das kostet. Seit Tagen hat er Ohrenschmerzen, seit heute morgen Fieber. Abends mußten wir den Notarzt holen und jetzt, kurz nach Mitternacht, sind wir auf dem Weg ins Krankenhaus. »Das Schlimmste haben Sie überstanden«, tröstet ihn der Arzt nach eingehender Untersuchung. »Ihr Trommelfell ist geplatzt!«
Meine Güte, Axel, denke ich, was kannst du bloß alles nicht mehr hören...
Auch Tim kann vor Husten und Schnupfen kaum aus den Augen gucken. Als barmherzige Samariterin mache ich mich gut: Pflege die beiden, hetze zum Einkaufen, zur Apotheke, zur Arbeit. Verständige die Tagesmutter, kümmere mich um Axels Krankmeldung, sage im Kindergarten Bescheid.
Zwischendurch muß ich noch unseren seit Monaten geplan-

ten Urlaub umbuchen. Wir wollten in einigen Tagen ans Mittelmeer fliegen. Doch davon haben die Ärzte für den Moment abgeraten. Erst muß die Entzündung aus Axels Ohren heraus sein. Glück im Unglück, Flug und Aufenthalt lassen sich um zwei Wochen verschieben.
Eine Gnadenfrist, sage ich mir im stillen. Ich fürchte mich vor diesem Urlaub mit Mann und Kind, habe Angst vor einer Nähe, der ich nicht mehr entkommen kann. Ich erinnere mich an Wochenenden mit den beiden, die ich schier unerträglich fand, weil Tim nicht eine Minute von Axels Seite wich. Und das vierzehn Tage lang? Wie konnte ich mich nur darauf einlassen?
Doch meine Bauchschmerzen kann mein Märchenprinz stets wegreden. Und wieder träumen wir von Strandspaziergängen und lauen Sommernächten unter südlichem Sternenhimmel. »Liebste, wir schaffen das schon. Außerdem haben wir uns ja für ein Hotel mit Kinderklub entschieden. Also werden wir auch Zeit für uns haben. Wenigstens hier und da...«
Bereitwillig – und nur ganz versteckt noch immer skeptisch – vertraue ich den schönen Worten.

Zwei Wochen im Juli '85

Als wir schließlich im Flugzeug sitzen und uns bei einem Glas Sekt verliebt ansehen, fühle ich mich fast wie in den Flitterwochen. Und auch Tims energisches »Ich muß mal«, mit dem er sich zwischen uns schiebt, amüsiert mich nur.
»Was mußt du denn?« frage ich ihn lachend und bekomme ein böses »Ich muß zu meinem Papa!« zur Antwort. Mit jedem Meter, den wir uns von der Erde entfernen, scheint ein Stück Streß des vergangenen Jahres abzufallen. »Es ist so schön, mit dir zu reisen«, flüstert Axel, und ich fühle mich tatsächlich wie im siebten Himmel.

Ein blauer Himmel und ein noch blaueres Meer erwarten uns. Tim ist begeistert, wir sind es auch. Auch unser kleiner Bungalow entspricht ganz unseren Erwartungen. Tim packt voller Vorfreude seinen Koffer aus und legt seinen geliebten Teddy »Mecki« schon mal neben Axels Sachen aufs Bett.

»Du, Tim«, pirsche ich mich zögernd an ihn heran, »du hast ein ganz tolles Bett im Wohnzimmer, direkt neben dem Kamin. Willst du dir das mal anschauen?«
»Nein, ich schlaf bei Papa!«
»Tim, eigentlich wollte ich bei deinem Papa schlafen.«
»Nein, das ist mein Papa!« Besorgt registriere ich, wie das Kind langsam seinen hochroten Kopf bekommt. Alarm – ich weiß, gleich geht es los. In diesem Moment geht die Tür auf, und Tim fliegt seinem Vater um den Hals.
»Papa, ich schlaf doch bei dir, neeeh? Und das »Neeeh« hat bereits eindeutige Ähnlichkeit mit einem Sirenenheulton.
»Wir können uns ja auf einen Kompromiß einigen«, schlägt Axel mit gespielter Fröhlichkeit vor. Tim, der zwar keine Ahnung hat, was das ist, schüttelt trotzdem schon mal den Kopf, und ich bin auch dagegen. Ich will keinen Kompromiß, ich will das Bett neben Axel.
»Weißt du, mein Kleiner, abends zum Schlafen darfst du dich in mein Bett legen und später, wenn du schläfst, trage ich dich dann rüber. Was hältst du davon?«
Tim ist clever und kennt seinen Vater: »Ja, aber nur, wenn ich morgens auch zu dir darf, und du mußt so lange bei mir bleiben, bis ich eingeschlafen bin!«
»Das geht in Ordnung, Tim. Siehst du, nun haben wir doch noch einen Kompromiß gefunden.« Einen ganz schön faulen, denke ich und möchte Tim, der mich triumphierend anstrahlt, am liebsten die Zunge rausstrecken.
»Ich mache einen kleinen Spaziergang.« Mit diesen Worten verschwinde ich, um mir meine Enttäuschung von der Seele zu laufen. Der Himmel ist immer noch blau, das Meer auch. Trotzdem sehe ich dunkle Wolken am Horizont.

»Als die böse Stiefmutter aber hörte, daß die Kinder glücklich waren und es ihnen wohl erging, da wurden Neid und Mißgunst in ihrem Herzen rege und ließen ihr keine Ruhe; sie hatte keinen anderen Gedanken, als wie sie die beiden doch noch ins Unglück bringen könnte.«

Sind es Neid und Mißgunst? Bin ich eifersüchtig auf Axels Liebe zu seinem Sohn? Tim ist ein Kind! Erwarte ich viel zuviel von ihm? Darf ich überhaupt Erwartungen haben? An Tim, an Axel?

Ach was, entscheide ich schließlich, wir kriegen das schon hin, und sehe die Erleichterung in Axels Augen, als ich zurückkehre und vorschlage, ein Eis essen zu gehen.
Abends sitze ich lange mit einem Glas Wein vor unserem Bungalow und schaue in den Sternenhimmel. Allein. Axel ist bei Tim, der nicht einschlafen kann – oder will. Eine Stunde, zwei Stunden redet er leise auf seinen Sohn ein.
Als ich schließlich nach den beiden schaue, schlafen sie tief und fest. Wie ein Liebespaar, engumschlungen. Ich lege mich auf die Schlafcouch ins Wohnzimmer. Allein. Halte mir die Ohren zu und will sie nicht hören, die beiden Täubchen. Noch im Traum verfolgt mich ihr leises

»Rucke di guh, rucke di guh...«

Ein zerknirschter Axel kniet morgens vor mir und weckt mich mit einem Kuß, während Tim ungeduldig mit Schaufel und Eimerchen an der Tür kratzt: »Tomm, tomm, ich will ans Meer«, kräht er, und noch ganz schlaftrunken notiere ich in meinem Kopf, daß wir uns dringend um eine Sprachtherapie für ihn kümmern müssen. Von einem gemütlichen Frühstück kann keine Rede sein, Tims Ungeduld ist anstekkend.
Blauer Himmel, blaues Meer. Mehr (Tim) oder weniger (Axel) begeistert, beginnen Vater und Sohn, im Sand zu buddeln. Meine Mithilfe ist nicht gefragt. »Ruh du dich nur aus, Schatz«, lächelt mein Liebster mich fürsorglich an, während Sohnemann betont, daß sie ja schließlich auch nur zwei Schaufeln hätten.
Axels Versuche, sich von Tim loszueisen, mißlingen allesamt. Will er sich zu mir legen, schiebt sich blitzschnell eine kleine sandige Gestalt dazwischen. Geht er ins Wasser, steht ein zorniges Rumpelstilzchen am Strand und brüllt aus Leibeskräften: »Papa, tomm, tomm!« Ein gemeinsamer Spaziergang zu dritt, am Meer entlang, scheitert schon nach wenigen Minuten an lautstarkem Protest: »Meine Füße tun sooo weh!«

Es ist wie verhext. Tim krallt sich regelrecht an Axel fest. An seiner Badehose, an seinen Jeans, morgens, mittags, abends: »Papa, tomm!« Nachts wird er sofort wach, wenn

Axel ihn ins Wohnzimmer tragen will und schreit. Nach mehreren Versuchen geben wir den Plan auf. Morgens um halb sechs, spätestens sechs Uhr, ist die Nacht vorbei: »Papa, tomm!«

Regelmäßig gehen wir mit Tim zum Kinderklub. Zunächst bleiben wir im gleichen Raum, dann setzen wir uns vor die Tür, schließlich ein Stück weit entfernt an die Kaffeebar. Alle paar Minuten prüft der Fünfjährige nach, ob sein Vater noch da ist.
Nach einer Woche wagen wir es: »Tim, wenn du heute in den Kinderklub gehst, mache ich mit Lene einen kleinen Spaziergang. Wir sind dann in einer halben Stunde wieder da und holen dich ab!« Axel schiebt sehr bestimmt hinterher: »Und dann gehen wir ein ganz großes Eis essen.«
Ich sehe, wie es in Tims Kopf arbeitet. Zögernd verschwindet er im Klub. Wir machen uns auf den Weg. Gehen nur ein kleines Stück und setzen uns dann an den Strand. Zum ersten Mal allein. Blauer Himmel, blaues Meer. Ich bin glücklich, versuche Axels häufige Blicke auf die Uhr zu ignorieren, aber seine Nervosität ist ansteckend.
»Okay, dann laß uns mal zurückgehen«, schlage ich nach zwanzig Minuten vor, und seine Erleichterung ist unübersehbar. So unübersehbar wie das Menschenknäuel vor dem Kinderklub, dem wir uns plötzlich beide mit immer hastigeren Schritten nähern. Alles Mütter, die sich um ein schreiendes Kind versammeln.
»Oh, mein Gott«, höre ich Axel murmeln, und mit drei großen Sprüngen ist er mittendrin. Ich höre sein atemloses »Was ist denn bloß passiert?« und sehe strafende Mütterblicke überall um mich herum. »Rabeneltern!« zischen einige, eine andere meint »Da müßte man ja den Kinderschutzbund einschalten!« und »Das kann doch gar keine richtige Mutter sein.«

»Da warnten es die guten Zwerglein und sprachen: ›Hüte dich vor deiner Stiefmutter...‹«

Tims Tränen sind schlagartig versiegt. Er ergreift Axels Hand und zieht ihn aus der Gruppe heraus: »Papa, tomm! Eisessen!« Zu dritt schleichen wir uns davon, während eine braungebrannte Blondine uns noch ein giftiges »Sie sollten sich mal lieber um Ihren Sohn kümmern, als sich in den Dünen zu verlustieren« hinterherschickt.

Axel leidet. Tim leidet. Ich leide. Und versuche es mit Küchenpsychologie: »Das Kind muß ja nach der Scheidung auch furchtbare Verlustängste haben«; versuche zu rationalisieren: »Gut, dann halte ich mich eben ganz heraus«; zu verdrängen: »Eine Phase, da müssen wir durch. Wir schaffen es schon!« Noch bin ich nicht bereit, aufzugeben. Weder grundsätzlich noch hier und jetzt. Dieser Urlaub muß zu retten sein!

»Ich möchte mit euch eine richtige Wanderung machen«, schlage ich vor. »Wir fahren mit dem Bus nach San Antonio und gehen von da aus zurück.«
Ich male Tim ein Abenteuer in dichten Pinienwäldern aus, erzähle ihm von den Felsen, die wir besteigen, den Klippen, die wir überwinden werden. Wecke seinen Ehrgeiz: »Dann hast du zum ersten Mal in deinem Leben eine Wanderung gemacht wie ein Erwachsener!«
Der Kleine läßt sich von meiner Begeisterung anstecken und das größte Eis, das die Insel zu bieten hat, als Belohnung versprechen. Axel ist mehr als skeptisch, sagt aber nichts. Er weiß, daß ich einen weiteren Tag am Strand mit einem quakenden Kind nicht aushalten kann.
Schon die Fahrt mit dem altertümlichen Bus, der sich ächzend und stöhnend die Serpentinen hinaufquält, ist für Tim aufregend. »Tutte mal«, erklärt er dem deutschen Ehepaar neben ihm, »das ist mein Rucksack! Wir machen jetzt eine Wanderung in die sieben Berge, sieben Tage lang. Vielleicht treffen wir auch Schneewittchen!«
»Wenn du so weit laufen willst, brauchst du aber ordentlich Proviant«, schmunzeln die Touristen und bieten ihm Apfelsinen und Bonbons an.
Der Fünfjährige zögert: »Ich darf von fremden Leuten nichts annehmen...« – »Na, dann frag doch einfach deine Eltern. Die sitzen doch hinter dir.«
Ich halte die Luft an, warte auf Tims entrüstetes »Das ist aber gar nicht meine Mutter«, sehe statt dessen, wie sich sein

schmales Gesicht durch die beiden Sitze vor uns zwängt: »Darf ich?« Wir schauen uns sekundenlang an und müssen plötzlich beide grinsen. »Nur zu, Tim«, ermuntere ich ihn, und Axel drückt meine Hand.
Der Zwerg verstaut die erworbenen Schätze sorgfältig in seinem kleinen Rucksack, und oben angekommen, gibt es kein Halten mehr. Während Axel und ich doch ein wenig ängstlich in den strahlend blauen Himmel und die gelbe Sonne blicken, ist Tim bereits nicht mehr zu sehen. Wir hören nur noch sein »Papa, tomm!«

»Sie gingen die ganze Nacht und noch einen Tag vom Morgen bis zum Abend, aber sie kamen aus dem Wald nicht heraus...«

Der Weg ist steinig, aber zum Teil atemberaubend schön. Doch Tim läßt mir keine Zeit, die Landschaft zu genießen. Nachdem wir uns fast heiser gesungen haben und mir beim besten Willen keine Kinderlieder mehr einfallen, erinnert er sich wieder: »Erzähl mir von Schneewittchen!«
Ohne mich auch nur einmal zu unterbrechen, hört sich der Knirps das Märchen an. Als wir schließlich die höchste Steigung hinter uns haben und Axel und ich engumschlungen die Aussicht bewundern, meldet sich Tim zu Wort: »Was ist eine böse Stiefmutter?«
Ich zucke zusammen, und Axel springt ein: »Also, Tim, eine Stiefmutter bekommt ein Kind immer dann, wenn die richtige Mutter gestorben ist und der Vater wieder heiratet.«
Wahrheitsgemäß ergänze ich: »Wenn dein Papa und ich irgendwann heiraten würden, wäre ich auch deine Stiefmutter.«
»Bist du dann eine böse Stiefmutter, oder...«, der Kleine zögert, »...oder bist du dann lieb?«

»Es war einmal eine alte Geiß, die hatte sieben junge Geißlein und hatte sie so lieb, wie nur eine Mutter ihre Kinder lieb hat.«

Tim malt mit einem Zweig große Kreise in den Sand, aber er kann mich nicht täuschen. Ich weiß, die Antwort ist wichtig für ihn. Für mich auch. »Weißt du, Tim, ich bin wie alle Menschen. Manchmal bin ich lieb, und manchmal bin ich

böse. Manchmal bin ich froh, und manchmal bin ich traurig. Aber auch wenn ich mal ärgerlich bin, mag ich dich trotzdem. Okay?«
Er nickt. Beim Weitergehen ist er plötzlich in unserer Mitte, faßt uns beide an die Hand. Ohne Jammern, ohne Geschrei bringt er bravourös die restlichen Kletterpartien hinter sich und strahlt aus allen Knopflöchern, als er am späten Nachmittag vor seinem Rieseneis sitzt.
Wieder einmal bin ich davon überzeugt, daß wir alle Schwierigkeiten gemeinsam aus dem Weg räumen können. Und Axel stimmt nur allzu bereitwillig in meine Wir-schaffen-das-schon!-Euphorie ein. Aber die ist nur von kurzer Dauer.

Zwei Tage später: Axels Geburtstag

Schon in der Nacht vorher beginnt Tim zu jammern. Weint nach seiner Mutter. Wacht immer wieder auf. Wenn er mich sieht, fängt er an zu schreien. Auch sein Vater kann ihn nicht trösten. Trotzdem! Axel hat Geburtstag, und ich zünde am Morgen die mitgebrachten Kerzen an, baue seinen Geschenktisch auf.
Tim weigert sich, sein Bett zu verlassen: »Papa, tomm.« Hilflos sehe ich zu, wie die Kerzen abbrennen, während mein Liebster nur Augen für seinen Sohn hat. Ich mag nicht mehr, gehe einfach weg. Irgendwann kommt Axel mich suchen. Es ist egal. Er ist verletzt, ich bin es auch. Doch bevor es zu einem Streit oder einer Aussprache kommen kann, ist schon wieder Tim dazwischen und beansprucht seine Aufmerksamkeit.

»Nun ärgerte sich die Stiefmutter noch viel mehr und überlegte, wie sie der Tochter des Mannes Böses antun könnte...«

Ich fauche das Kind an: »Jetzt laß uns, verdammt noch mal, in Ruhe miteinander reden, und spiel endlich mal eine halbe Stunde allein.«
»Ich will aber mit meinem Papa spielen. Papa, tomm...«
Axel schaut uns an. Unfähig, eine Entscheidung zu treffen. Ich warte. Tim zerrt an seiner Hand.

»Du mußt dich entscheiden«, sage ich leise und bemühe mich sehr, meine Wut zu unterdrücken. »Ich möchte mit dir reden. Jetzt! Ich denke, es ist Tim zuzumuten, sich mal eine kleine Weile allein zu beschäftigen.«
»Papa, tomm...« Axel holt tief Luft, und ich entdecke Tränen in seinen Augen. Natürlich, es ist ja auch sein Geburtstag. Ich gehe auf ihn zu, gebe ihm einen Kuß. »Okay, ist schon in Ordnung. Jetzt solltest du erst mal deine Geschenke auspacken.«

»Die Frau begann ihre Stieftochter zu hassen...«

Geburtstage sind mir wichtig. Aber meine Fröhlichkeit ist nur gespielt. Ich fühle mich überflüssig, bin gleichzeitig wütend und noch am gleichen Abend krank. Eine Erkältung hat mich fest in den Klauen. Ich habe buchstäblich die Nase voll. Ein guter Grund, im Bett zu bleiben! Zumindest für den Augenblick habe ich mich damit sowohl Tim als auch allen weiteren Konflikten entzogen. Erfolgreich: Mit dem Hinweis »Kommt mir bloß nicht zu nahe, sonst steckt ihr euch noch an«, halte ich mir die beiden während der restlichen Urlaubstage von Leib und Seele. Aber ein simpler Schnupfen reicht noch nicht.
Wieder zu Hause, verbringe ich die nächsten beiden Wochen, den drei weisen chinesischen Affen ähnelnd, im Bett: nichts sehen (die Augen tränen), nichts hören (Ohrenschmerzen) und nichts sprechen (Halsschmerzen). Pflegen lasse ich mich von meinen Eltern – unter dem Vorwand, Axel nicht noch zusätzlich belasten zu wollen. Tatsächlich brauche ich aber die Distanz zu ihm, zu Tim, wohl auch zu mir selbst. Mein seelisches Unwohlsein habe ich jedoch bestens unter dem grippalen Infekt versteckt. Mein Körper lebt die Symptome aus. So kann ich alle Konflikte perfekt verdrängen. Wie lange noch?
Ich, Lene, im August '85 ein Jahr Stiefmutter. Und was nun?

Das zweite Jahr

Ende August ’85

Ich sitze auf einem Bierkasten in der rechten Küchenecke und beobachte staunend das Geschehen. Meine Familie, inklusiv Bataillone längst verschollen geglaubter Tanten, die von meiner Mutter mobilisiert wurden, Freundinnen und Freunde und ein heulender Tim hasten an mir vorbei.
»Wo ist mein Papa?«
Den kann ich im Moment nicht sichten. Wir sind mitten im Umzug. Mit den Worten »Wir haben eine Wohnung!« hatte Axel mich vor knapp vierzehn Tagen aus meinem Bett getrieben. Sämtliche physischen – und psychischen – Zipperlein der vergangenen Wochen habe ich in der dann folgenden Hektik schnell vergessen. In Windeseile haben wir Nachmieter für unsere alten Wohnungen gesucht und gefunden, renoviert und organisiert, sind jeden Abend todmüde ins Bett gefallen. Zeit zum Nachdenken gab es nicht mehr. Wozu auch, es schien ja alles klar.
Nur jetzt, während ich hier in der Ecke hocke, das weinende Kind beobachte, Mutter und Tanten sehe, die versuchen, aus zwei Haushalten einen zu machen, und verfolge, wie sämtliche Zimmer langsam mit Kisten und Kästen zugebaut werden, ist mir plötzlich übel.
»Kind, du siehst ja ganz blaß aus«, stellt Tante Hedwig, die ich seit mindestens zehn Jahren nicht mehr gesehen habe, fest und schickt mich an die »frische Luft«. Im Weggehen höre ich noch, wie sie meine Mutter dazu beglückwünscht, daß ihre Tochter nun ja »Gott sei Dank endlich Vernunft angenommen« habe.
Ich verwünsche meine Mutter samt ihrer »Viele Jäger sind des Hasen Tod«-Philosophie, mit der sie die Verwandtschaft ins Haus geschleppt hat, packe den schluchzenden Tim, der sich mit jeder Menge Schokolade tröstet (natürlich von den Tanten!), und mache mich auf die Suche nach Axel. Der steht schwitzend, aber bestens gelaunt, bis zu den Knien in Holzwolle im Keller.
»Was macht ihr denn für Gesichter?« begrüßt er uns. Tim

entdeckt in der hintersten Ecke Teddy Mecki sowie eine große Spielzeugkiste und ist für den Moment getröstet.
»Du Axel, laß uns mal kurz rausgehen, ich muß mit dir reden.« Kopfschüttelnd folgt mir der Liebste in den Hof.
»Ich glaube«, beginne ich zögernd, »wir haben da vielleicht doch einen Fehler gemacht und etwas überstürzt gehandelt...«
Als Axel endlich begreift, wovon ich eigentlich rede, kann er gar nicht mehr aufhören zu lachen: »Willst du das hier alles rückgängig machen?« Seine ausschweifende Handbewegung schließt auch Klein-Tim mit ein, der sich wieder einmal auf die Suche nach seinem Papa begeben hat.
Will ich? Kann ich? Darf ich?
Axels flüchtigen Kuß auf den Lippen spürend, beobachte ich Vater und Sohn, wie sie ins Haus zurückgehen. Angestrengt blinzele ich in die Sonne, versuche die Tränen zu unterdrücken, sehe die beiden weißen Täubchen heranfliegen:

»Rucke di guh, rucke di guh, Stiefmutter bist du!«

Nachdenklich schaue ich sie an. Ob sie mich wohl überall finden werden? Es gibt wohl keinen Weg zurück. Oder?

Der kleine Trommler, den Tim mir mal geschenkt hat, erhält einen Ehrenplatz auf meinem Schreibtisch. Ich lerne mit der Zeit seine Schläge zu unterscheiden, weiß, wann Tim traurig ist und Trost braucht, wann er allein sein möchte oder einfach nur reden will.
»Was hat der Trommler dir erzählt?« ist stets die erste Frage des Fünfjährigen, wenn er mich am Schreibtisch sitzen sieht. Dann krabbelt er auf meinen Schoß, und angestrengt lauschen wir dem Rhythmus der Trommel. In diesen Momenten spüre ich viel Wärme und Nähe zu meinem Stiefsohn, und er gewährt mir winzig kleine Einblicke in seine Kinderseele. Dabei sagt er kaum etwas, doch ich kann fühlen, ob er verkrampft oder entspannt ist, einfach nur ein wenig träumen will oder Angst hat.
Von seiner Mutter redet er nie. Mehr oder weniger regelmäßig verbringt er Wochenenden bei Thea. Sie hat unsere Wohnung noch nicht betreten. Axel fährt Tim zu ihr und

holt ihn wieder ab. Tim packt jedesmal eine Menge Spielsachen ein, die er zum Teil bei Thea läßt. Auch in unserer Wohnung finde ich an den Tagen, an denen er bei ihr ist, überall seine Spuren: ein Siku-Auto hinter der Toilette, Legosteine unter dem Eßtisch, eines seiner Stofftiere in Axels Bett, eine weitere Plastikfigur neben dem kleinen Trommler.

»Als dann der Vollmond aufgestiegen war, nahm Hänsel sein Schwesterchen an die Hand und ging den Kieselsteinen nach, die Hänsel aus seiner Tasche auf den Weg geworfen hatte. Sie gingen die ganze Nacht hindurch und kamen bei anbrechendem Tag wieder zu ihres Vaters Haus.«

Sobald Tim wieder zu Hause ist, sammelt er alles ein, verwischt die Spuren sorgfältig. Dann geht er durch jedes Zimmer, schaut nach, ob noch alles so ist, wie er es verlassen hat. Bloß keine Neuerungen in seiner Abwesenheit!

Februar bis August '86

Für Tim wird das Märchen zum Alptraum. Eines Tages gehen ihm, wie Hänsel, die Kieselsteine aus, und seine Brotbröcklein können ihm den Weg zu seiner Mutter nicht mehr zeigen:

»Aber sie fanden kein Bröcklein mehr, denn die vieltausend Vögel, die im Wald und Feld umherfliegen, die hatten sie weggepickt. Hänsel sagte zu Gretel: ›Wir werden den Weg schon finden!‹ Aber sie fanden ihn nicht.«

Thea kündigt an, daß sie umzieht. In eine Kleinstadt, etwa fünfzig Kilometer entfernt. Sie verspricht Tim, sich bei ihm zu melden, wenn der größte Streß vorbei ist: »So in drei bis vier Wochen!«
Tim wird sechs Monate nichts mehr von seiner Mutter hören.

»Nun war schon der dritte Morgen, daß sie ihres Vaters Haus verlassen hatten. Sie fingen wieder an zu gehen, aber sie gerieten immer tiefer in den Wald, und wenn nicht bald Hilfe kam, so mußten sie verschmachten.«

Anfang März ’86

»Wie lange sind drei Wochen?« will Tim wissen, als er Thea etwa einen Monat lang nicht gesehen hat. Ich hole einen Kalender, aber merke schnell, daß der Kleine damit gar nichts anfangen kann. Drei Stunden sind drei Tage sind drei Wochen sind drei Jahre! Ich kann die Zeit nicht erklären, kann auch nicht begründen, weshalb sich seine Mutter nicht meldet. Er fragt auch nicht danach. Zumindest nicht direkt.

Nach außen ist Thea verschwunden. Auch Axel erwähnt ihren Namen selten. »Ich kann sie nicht dazu zwingen, sich um ihren Sohn zu kümmern«, meint er. »Vielleicht ist es auch besser so.«

Tatsächlich ist sie aber immer zwischen uns. In jedem dunkelblauen Golf, dem wir begegnen, sucht Tim seine Mutter. Ohne Worte. Ich sehe, wie er zusammenzuckt und nach ihr Ausschau hält, um festzustellen, daß es doch wieder nur die gleiche Automarke ist.

Je mehr Zeit verstreicht, desto wichtiger wird es für ihn, sich von mir abzugrenzen. Vielleicht fürchtet er, wenn er mich als Mutter akzeptiert, Thea ganz zu verlieren.

Tim und ich gehen spazieren. Das heißt, Tim jagt auf seinem roten Kinderrad vor mir her, aber immer nur bis zur nächsten Ecke. Dann versichert er sich erst mal, ob ich noch da bin. Immer wieder beobachte ich, wie er fremde Leute anredet. Diesmal einen Mann mit Hund: »Hallo, ich bin Tim. Wie heißt denn dein Hund?«

»Senta!«

»Meine Mama hat auch einen Hund. Ria! Die hat sie sich zu Weihnachten geschenkt.« Der Mann schaut mich fragend an.

»Nee«, verkündet Tim. »Das ist nicht meine Mama. Meine Mama wohnt hier nicht. Die ist weggezogen. Und Ria hat sie mitgenommen. Ria hat sie nämlich ganz doll lieb. Und ich hab Ria auch lieb. Weil, die ist doch noch ganz klein. Fast wie ein Baby. In drei Wochen kommt meine Mama mich besuchen. Oder so ...«

»Aha«, sagt der Mann, von Tims Redeschwall erschlagen,

und setzt seinen Weg fort. »Du, Tim«, versuche ich es vorsichtig, »ich glaub, du bist ziemlich traurig, daß Thea sich nicht meldet, oder?«
Ich bekomme keine Antwort, höre nur ein lautes »Brumm brumm«. Der kleine Rallyefahrer gibt Gas und macht für den Rest des Weges jedem Formel-1-Rennen alle Ehre. Zumindest den Geräuschen nach.

«...und wenn nicht bald Hilfe kam, so mußten sie verschmachten.«

Ende April '86

Tim spielt bei Thomas, der ein Stockwerk über uns wohnt. Nach langer Überredungskunst ist es uns endlich gelungen, ihn mal dazu zu bewegen, unsere Wohnung allein zu verlassen. Abends hole ich ihn ab. Thomas' Vater öffnet die Tür. »Augenblick«, sagt er, dreht sich um und ruft: »Tim, deine Mutter ist da!«
»Oh, mein Gott«, denke ich und ahne, was jetzt kommt. Wie der Blitz schießt ein jubelnder Tim durch die Wohnung, doch sein freudiges »Mama« bleibt ihm im Hals stecken, als er mich sieht. Heraus kommt nur noch ein fragendes: »Mama?« Ich schüttele den Kopf. Wir schauen uns ein paar Sekunden lang an, dann geht er wortlos an mir vorbei, dreht den Kopf weg und wartet, bis ich die Wohnungstür aufgeschlossen habe. Er verschwindet in seinem Zimmer. Wieder verkriecht er sich in der Höhle unter seinem Bett. »Hau ab«, sagt er und dann: »Geh doch weg!«
Das höre ich nicht zum ersten Mal von ihm. Später, Jahre später, wird er mir erzählen, daß er damals geglaubt hat, Axel habe Thea weggeschickt. Ihr verboten, ihn zu sehen. Natürlich, wie auch sonst sollte sich der Fünfjährige die Abwesenheit seiner Mutter erklären. Ich erahne diese Gedanken schon damals und fühle mich zunehmend fehl am Platz.

»...und wenn nicht bald Hilfe kam...«

»Geh doch weg!« Ja, warum eigentlich nicht? Immer häufiger habe ich das Gefühl, mit der Situation nicht fertig zu werden. Tim will nicht mein Sohn sein und ich nicht seine Mutter. So einfach ist das – und doch so kompliziert.
Durch Axels Spätschichten bin ich oft allein mit dem Kind. Komme von der Arbeit und hole ihn bei der Kinderfrau ab. Gehe mit ihm noch schnell etwas einkaufen, mache den Haushalt, kümmere mich um Tim. Bade ihn, lese ihm vor, bringe ihn ins Bett. Mindestens dreimal ruft er dann noch. Einige Male wacht er schreiend auf und weint stundenlang. Am nächsten Morgen kann er sich an nichts erinnern.
Diesen Alltag will ich nicht. Habe ihn auch nie so gewollt. Doch wie komme ich da wieder raus?
Wenn Axel spätabends nach Hause kommt, findet er mich immer öfter als heulendes Elend auf der Couch. »Ich halte das nicht aus«, weine ich, »ich kann das nicht. Ich will hier weg...«
Weg – nur wohin, das ist mir selbst unklar. Axel gerät regelmäßig in Panik, wenn er mich so vorfindet. Ich weiß, daß er sich noch nicht zutraut, allein mit seinem Sohn zu leben. Außerdem liebt er mich, will ein gemeinsames Leben mit mir. Und mit Tim!

Frühjahr '86

Ich (er)trage es nicht mehr und bringe doch nichts weiter zustande als eine neue Flucht: An meinem freien Tag räume ich schlechtgelaunt die Wohnung auf, bücke mich fluchend nach Tims Teddy und komme nicht wieder hoch. Die Schmerzen sind unerträglich. Gebückt und per Taxi fahre ich zum Orthopäden. Er untersucht und röntgt und untersucht: »Bandscheibenvorfall! Legen sie sich erst mal zwei Wochen ins Bett, dann sehen wir weiter.« Er verschreibt mir Zäpfchen gegen die Schmerzen, und irgendwie komme ich zurück in die Wohnung.
Axel hat Spätdienst. Die Kinderfrau bringt Tim vorbei, und der kann gar nicht aufhören zu staunen, als er mich in der Küche hantieren sieht. Nachdem er mich eine ganze Weile beobachtet hat, fragt er zögernd: »Bist du jetzt die böse Hexe?«

Mir ist weder nach Scherzen noch nach Erklärungen zumute, und meine Antwort fällt entsprechend unwirsch aus: »Tim, ich bin krank. Iß und sieh zu, daß du schlafen gehst.«
Doch so einfach läßt er sich nicht abspeisen. Bevor er in seinem Zimmer verschwindet, kommt er noch mal mit dem Märchenbuch an mein Bett. »Liest du mir die Geschichte von ›Brüderchen und Schwesterchen‹ vor?«
Seufzend greife ich zum Buch:

»Die böse Stiefmutter aber war eine Hexe und hatte genau gesehen, wie die beiden Kinder fortgegangen waren, war ihnen nachgeschlichen, heimlich, wie die Hexen schleichen...«

Tim schaut mich atemlos an, vor lauter Spannung ist sein Mund halb offen. »Hör zu«, erkläre ich ihm, »ich habe mir einfach meinen Rücken verknackst. Mehr nicht. Ich bin noch dieselbe wie heute morgen.«
»Aber, du schleichst wie die Hexe. Und du bist auch eine Stiefmutter. Hast du selbst gesagt!« triumphiert der kleine Mann. »Tim, das ist ein Märchen. Aber ich bin wirklich. Verstehst du das nicht!« Er schüttelt langsam den Kopf, wirft mir noch einen prüfenden Blick zu und verläßt mich dann samt Märchenbuch.

Was ist wirklich? Wo ist meine Realität? Hier bei Tim und Axel? Als Mutter und Hausfrau?
Ich habe um meine Ausbildung gekämpft: Ums Abitur (»Ein Mädchen braucht das doch nicht«, meinten die Eltern), ums Studium (»Geh doch zur Fachhochschule, in einigen Jahren heiratest du ja doch«, hoffte Mutter), um meinen Beruf (»Journalistin willst du werden? Viel zu hart für dich. Lehrerin, das wär das Richtige!«, beschwor mich ein besorgter Vater).
Ich habe darum gekämpft, eigene Maßstäbe zu entwickeln: Bin bangen Herzens allein ins Ausland gereist; habe als Taxifahrerin gejobt; mich ins Frauenzentrum zu Selbsterfahrungsgruppen getraut und bin immer wieder für Gleichberechtigung und Frauenbefreiung auf die Straße gegangen.
Für meine Mitstreiterinnen, die im Laufe der Jahre auf der Strecke blieben, sprich: in festen Beziehungen mit einem

Mann lebten oder gar heirateten – welch grausiger Rückschritt ins Patriarchat –, hatte ich wenig Verständnis. Die alleinerziehenden Kommilitoninnen blieben mir genauso fremd wie ihre zunehmenden Diskussionen um die neue Mütterlichkeit.
Statt Spekulum, Selbstgestricktem und Spiritismus setzte ich auf Pille, Politik und Perfektionismus. Bis vor einem Jahr. So, wie ich mein Examen perfekt und mit Auszeichnung bestanden hatte, wollte ich nun meinen endgültigen Eintritt ins Erwachsenenleben perfekt gestalten: Erfolgreich ins Berufsleben starten, nebenbei eine partnerschaftliche Beziehung zu Axel aufbauen und seinen Sohn versorgen. Mein Engagement für Frauenveranstaltungen sollte selbstverständlich nicht darunter leiden. Kein Problem. Das schaffe ich mit links! Glaubte ich.

In den nächsten Wochen habe ich viel Zeit zum Nachdenken. Aus den zwei Wochen Bettruhe werden vier, schließlich sechs. Die beiden weißen Täubchen wachen vor meinem Fenster. Ihrem leisen

»Rucke di guh, rucke di guh, Stiefmutter bist du!«

kann ich nicht entkommen. Wie angenagelt liege ich im Bett, kann mich an manchen Tagen kaum rühren.

»Rucke di guh, rucke di guh...«

»Flüchten oder standhalten«, immer wieder bleibt mein Blick an diesem Buchtitel hängen. Daneben steht Tims Trommler, und irgendwann wird mir klar, daß ich mich nicht so einfach aus der Verantwortung stehlen kann. Und die Täubchen gurren zustimmend.

»Wer A sagt, muß auch B sagen, und weil er das erste Mal nachgegeben hatte, so mußte er es auch diesmal.«

April '86

»Axel«, verkünde ich meinem Liebsten, »allein komme ich, kommen wir mit der Situation nicht klar. Laß uns zu einer psychologischen Beratung gehen.«

Axel zögert. »Das ist wie eine Bankrotterklärung«, meint er. Doch als gebranntes Kind, das heißt geschiedener Mann, funktioniert sein Frühwarnsystem für Beziehungsstörungen hervorragend. Und die Anzeichen, daß bei uns etwas nicht stimmt, werden täglich mehr.

Dazu kommen die Schwierigkeiten, die Tim hat. »Apathisch und nicht integrationsfähig«, lautet das vernichtende Urteil aus dem Kindergarten. Wie ein kleiner Buddha verbringt er die Tage mehr oder weniger in der Ecke sitzend. Auch die Kinderfrau ist mit ihm und ihren eigenen Kindern überfordert.

Die Schokoladenspuren um Tims Mund, seine mit Bonbonpapier gefüllten Anoraktaschen verraten genausoviel wie seine Berichte: »Na, was hast du heute gemacht? Wie war dein Tag?« ist meine Standardfrage.

»Toll!« seine Standardantwort. Vom Kindergarten weiß er abends nichts mehr, im Kopf bleiben nur: eine Endlosserie – Tim und Tagesmutter haben sich inzwischen bis zu Folge 163 durchgeguckt – und der »Tolt für alle Fälle«.

»Und dann hat Tolt deschießt. Peng! Peng! Peng!« Und ein Teil von Tims aufgestauten Aggressionen schallen in den nächsten Minuten durch die Wohnung. Meine Erklärungsversuche, daß der gute Mann »›Colt‹ heißt, mit einem Kaa, Tim. Außerdem hat der nicht geschießt, sondern geschossen, und du sollst dir das nicht anschauen!« bleiben ungehört. »Bumm! Peng! Krach!« – das Kind ist nicht zu beruhigen.

Während die anderen Kinder draußen herumtollen, liegt er also nachmittags auf der Couch, nuckelt sich durchs Kinder- und Vorabendprogramm und wird mit Süßigkeiten mundtod gemacht! Für beide ist das der Weg des geringsten Widerstandes. Um so mehr wehrt er sich natürlich dagegen, daß es bei uns für ihn nur »Sesamstraße« zu sehen gibt. Auch unsere Bemühungen, ihn körperlich zu aktivieren, scheitern meist kläglich. Es dauert Monate, bis ich ihn endlich soweit habe, auf dem Spielplatz zu rutschen.

Kontakte zu Kindern nimmt er kaum auf. Bis auf Thomas, dem Jungen über uns. Der hat aber, wie wir bald herausfinden, einen eigenen Fernsehapparat und Videorecorder in seinem Zimmer.

Axel und ich planen einen Einkaufsbummel. Zum ersten Mal seit Monaten ohne Tim. Er ist bei Thomas zum Geburtstag eingeladen. Frisch gebadet, mit hübsch verpacktem Geschenk in der Hand, steht er an der Wohnungstür und beschließt: »Ich bleibe hier.«
Entgeistert schauen wir ihn an: »Wieso???« Tim zuckt mit den Achseln und geht in sein Zimmer. »Hör zu, mein Sohn«, sagt Axel. »Ich möchte, daß du zu Thomas' Geburtstag gehst. Lene und ich fahren in die Stadt. Oder willst du hier allein bleiben?«
Ein pädagogisch ungeschickter Schachzug. Das Kind klammert sich an seinen Vater: »Papa, tomm. Du darfst nicht weg. Ich will bei dir bleiben.« Es fließt ein Strom von Tränen. Hilflos nimmt Axel den Kleinen auf den Schoß, redet tröstend auf ihn ein.
Mir reicht's: »Verdammt noch mal, Tim. Mach nicht so ein Theater und geh jetzt.« Tims Jammern geht in ein protestierendes Wutgeheul über. Axel schaut mich kurz an und meint: »Nicht in diesem Ton, Lene. Halt du dich da raus!«
Ich will noch etwas erwidern, doch Axel murmelt: »Du siehst doch, ich habe jetzt keine Zeit. Am besten, du läßt uns allein!« Das kannst du haben, denke ich, greife mir die Autoschlüssel und stürze davon.

»Die Frau begann ihre Stieftochter zu hassen ...«

Ich fahre ziellos mit dem Auto durch die Gegend. Als ich abends zurückkomme, sitzen Vater und Sohn in trauter Zweisamkeit am Tisch und spielen »Mensch, ärgere dich nicht!« Ausgerechnet!
»War toll bei Thomas«, strahlt Klein-Tim mich an, »tutte mal, was ich gewonnen habe.« Ich will nicht »tutten«, will weder ihn noch Axel sehen und verschwinde in mein Zimmer. Nach einer Weile kommt Axel hinterher. »Was ist eigentlich los mit dir?« will er wissen.
»Was mit mir los ist?« buchstabiere ich fassungslos. »Ich hab genug von dir und deinem Sohn. Verstehst du? Und jetzt möchte ich allein sein.« Axel überhört den drohenden Unterton in meiner Stimme, ignoriert mein »Bitte,

geh jetzt«, und blitzschnell sind wir mittendrin im schlimmsten Streit.
»Es kümmert dich einen Dreck, was mit mir los ist«, schreie ich ihn an, »du willst doch nur jemanden haben, der sich um deinen Sohn kümmert. Alles andere ist dir egal.« Axel ist schneeweiß im Gesicht. Mit geballten Fäusten steht er vor mir: »Wenn du das wirklich glaubst, ist es besser, du ziehst aus!«
In meinem Kopf dröhnt nur noch »Hau doch ab, hau doch ab«. Ich stürze zum Schrank, greife mir eine Tasche und werfe wahllos meine Sachen hinein und Axel meine gesammelten Frustrationen an den Kopf. Abwechselnd beschimpfe ich ihn und Thea, bis Axel genug hat und zurückbrüllt.
Plötzlich werden wir beide von einem fiependen Ton aufgeschreckt. Den kenne ich bislang nur von Schweinen, die geschlachtet werden. Und wen schlachten wir?

»...und als die Sonne im Frühjahr das Eis wieder herabgezogen hatte, nahm sich der Mann eine andere Frau. Da begann eine schlimme Zeit für das arme Stiefkind...«

Tim sitzt in der Höhle unter seinem Bett. Er stemmt sich fest gegen die Wand, hat die Knie ganz eng an seine Brust gezogen und hält sich mit aller Kraft die Ohren zu. Auch seine Augen sind geschlossen, während er, sich hin und her wiegend, diese seltsamen Geräusche von sich gibt.
»Hey, Timmy«, versucht Axel sich ihm zu nähern. Das Kind öffnet die Augen, blickt seinen Vater an und schreit. Wen sieht es?

»Der Bösewicht verstellt sich oft, aber an seiner rauhen Stimme und an seinen schwarzen Füßen werdet ihr ihn erkennen.«

Tim schaut durch Axel hindurch, kreischt und schaukelt weiter. Er ist hinter die Wand gegangen, an der er lehnt, für uns nicht erreichbar. Als ob eine Glasscheibe uns von ihm trennen würde. »Bitte, Tim, sag doch etwas«, fleht Axel ihn an. Doch Tim kann uns in der Welt, in die er geflüchtet ist, nicht hören.

»Als sie Schneewitchen wie tot auf der Erde liegen sahen, hatten sie gleich die Stiefmutter in Verdacht.«

Leise beraten wir darüber, ob wir einen Arzt holen sollen. Da fällt mein Blick auf eine alte Kindertrommel oben auf dem Schrank. Ich hole sie herunter und beginne, langsam lauter werdend, zu trommeln. »Hörst du, Tim. Dein Trommler will dir etwas sagen«, versucht Axel es, und die Trommel wird immer lauter:

». . . und von der Erschütterung fiel das giftige Apfelstück, das Schneewittchen abgebissen hatte, aus dem Hals. Kurz darauf öffnete es die Augen, richtete sich auf und war wieder lebendig.«

»Was sagt er denn?« schluchzt Tim. Axel nimmt ihn in den Arm. Während ich leise weiter trommele, erzähle ich ihm, wie dumm Erwachsene sein können.
Tim wird diesen Streit zwischen Axel und mir sowenig vergessen wie die vielen Auseinandersetzungen zwischen seinen Eltern und später immer behaupten: »Lene wollte ausziehen, weil ich keine Lust auf Thomas' Geburtstag hatte.«
Als sich der Kleine etwas beruhigt hat, packen wir zusammen meine Tasche wieder aus. »Bleibst du jetzt hier?« fragt Tim. »Ja«, sage ich und lasse mir gleich am nächsten Morgen einen Termin bei einer Familientherapeutin geben.

»Rucke di guh, rucke di guh, Stiefmutter bist du!«

Anfang Juni '86

»Wir brauchen Hilfe«, beginne ich das Gespräch, und Axel nickt nervös.
»Jaaa?« Frau Hain schaut uns freundlich-interessiert an, auf ihren Knien ein Heft, in dem sie sich Notizen macht.
Mit gezielten Zwischenfragen gelingt es ihr schnell, zum Kern meines Problems vorzustoßen: Ich fühle mich in meiner Rolle als Stiefmutter überfordert und von Axel nicht genügend unterstützt.
»Sind Sie wütend auf ihn?« will Frau Hain wissen. Noch kann ich das nicht zugeben und flüchte mich in ein allgemeines »eher traurig«.

Axel sitzt da als das personifizierte Schuldgefühl. Er ist der Meinung, alles, was Tim während seiner ersten Lebensjahre erlebt hat, jetzt gutmachen zu müssen. Er gibt zu, Tim gegenüber keine Grenzen ziehen zu können: »Ich kann ihm einfach nichts abschlagen. Er mußte doch schon soviel durchmachen.« Ich höre seinen versteckten Appell an mein Verständnis, meine Unterstützung.
»Und wer unterstützt mich?« traue ich mich nicht zu fragen und schweige lieber.
Frau Hain macht sich weiter ihre Notizen. Schließlich klappt sie ihr Heft zu und lächelt uns an: »So, ich glaube, das reicht für heute. Jetzt fahren Sie erst mal in den Urlaub. Danach bin ich einige Wochen nicht da. Wir sehen uns also Anfang August wieder.«

Anfang Juli '86

Tims sechsten Geburtstag haben wir in Frankreich gefeiert und ihn abends mit einem Fackelumzug am Strand beendet. Tim war begeistert und ist hochzufrieden ins Bett gegangen. Bei diesem Urlaub sind zeitweise meine Eltern dabei. Besonders von meiner kinderlieben Mutter habe ich mir Hilfe und Entlastung versprochen. Doch Tim zeigt sich gewohnt hartnäckig: »Papa, tomm!«
Einmal lassen wir die drei am Strand zurück und machen uns einen Nachmittag lang selbständig. Blauer Himmel, blaues Meer! Fast wie im vergangenen Jahr. Nur diese überschäumende Verliebtheit ist nicht mehr da. Beide sind wir nervös. Wie wird es weitergehen mit uns? »Eigentlich«, meint Axel, »kann es nur besser werden. Schlimmer als im vergangenen Jahr wird's bestimmt nicht. Ich bin sicher, wir schaffen es.«
»Fragt sich nur, wie. Vielleicht schafft es auch uns!« Doch mein Liebster will sich von meiner Skepsis nicht anstecken lassen.
Aber Tim belehrt ihn fast eines Besseren. Als wir zurückkehren, sitzt er noch an der gleichen Stelle am Strand, wo wir ihn verlassen haben. Auf einem Felsblock. »Tut mir leid«, seufzt meine Mutter, »aber da war nichts zu machen. Er wollte nicht spielen, nicht essen, er wollte nur nach sei-

nem Papa Ausschau halten.« Mit einem Schrei stürzt sich Tim auf seinen Vater: »Papa tommt!«

»Da fing Schneewittchen an, ein wenig zu atmen, und wurde nach einer Weile wieder lebendig.«

Aber dann ist da auch eine ganz andere, neue Seite: wenn wir zu dritt losziehen, kleine Wanderungen machen, mit Tim am Strand langlaufen oder Eis essen gehen. Da gibt es immer häufiger Momente, die mir das Gefühl vermitteln, wir gehören zusammen! Vielleicht noch eher als Zweckgemeinschaft, weniger als Familie – aber seit Monaten komme ich erstmals wieder etwas zur Ruhe. Schließe Frieden mit Axel, mit Tim und mit mir.

»Da muß ich erst meine Mama fragen«, höre ich eine Kinderstimme, dir mir ungemein bekannt vorkommt. Ich rolle mich auf die Seite, blinzele gegen die Sonne und habe Tim vor mir stehen: »Darf ich mit Tini ein Eis essen?« will er wissen. Und noch völlig verblüfft drücke ich ihm Geld in die Hand. »Tutte mal, soviel Geld hat meine Mama mir gegeben«, freut er sich, packt seine kleine Strandbekanntschaft an die Hand und zieht mit ihr zur nächsten Eisbude. Ich sitze im Sand und reibe mir die Augen, frage mich, ob ich das gerade geträumt habe. Axel kommt aus dem Wasser und läßt sich neben mir aufs Handtuch fallen. »Hat er tatsächlich ›Mama‹ gesagt?« will er wissen. »Ich glaube, ja!«

»Da hatten alle Sorgen ein Ende, und sie lebten froh und zufrieden zusammen.«

Abends, als ich Tim noch sein Gutenachtmärchen vorgelesen habe, erklärt er mir plötzlich: »Du bist nicht meine Stiefmutter.« Ich zucke zusammen: »Wieso nicht?«
»Die Stiefmutter ist immer böse ...«
»Aber, Tim, das ist nur im Märchen so. In Wirklichkeit ist das anders. Das merkst du doch, oder?«
»Trotzdem.«
»Okay, Tim. Dann können wir es ja anders nennen. Hast du einen Vorschlag?«
Er schüttelt den Kopf, rollt sich in seine Decke, dreht sich zur Wand.

»Gute Nacht, Tim!«
Doch der Zwerg ist noch nicht soweit. Aus einem Berg von Kissen und Decken höre ich seine gedämpfte Stimme: »Lene, hast du mich lieb?« Ich stehe an der Tür und atme tief durch: »Ja. Ich hab dich wohl ganz schön lieb.«
Und auf dem Fenstersims sitzen die beiden Täubchen und lassen ihr zufriedenes

»Rucke di guh, rucke di guh, Stiefmutter bist du!«

ertönen.

Wir kommen frohen Mutes aus dem Urlaub zurück: Axel und ich hoffen beide, mit Hilfe von Frau Hain unsere Probleme in den Griff zu bekommen.
Und für Tim beginnt ein neuer Lebensabschnitt: Im August wird er eingeschult. Im vergangenen halben Jahr hat eine Sprach- und Bewegungstherapie wahre Wunder gewirkt. Nur wenn er sehr aufgeregt ist, bekommt er das »K« noch nicht auf die Reihe. Auch in seinen Bewegungen ist er viel sicherer geworden, traut sich seit einiger Zeit sogar auf Klettergerüste, Mauern und Bäume. Der Streß, ihn zweimal pro Woche ins Kinderzentrum zu fahren, hat sich gelohnt.
Mit viel Geduld und Überredungskünsten haben wir auch einen Hortplatz für Tim ergattert. Seine Betreuung im Anschluß an die Schule ist für die nächsten Jahre gesichert. Eher mit einem lachenden als mit einem weinenden Auge verabschiedeten wir uns von Tagesmutter und Kindergarten und sind nun alle drei gespannt, wie es weitergeht!

Letzte Juliwoche '86

Tim kann kaum noch schlafen, so aufgeregt ist er. Zählt schon fast die Stunden bis zum Schulbeginn. Seit Wochen planen wir diesen großen Tag. Tim hat ganz konkrete Vorstellungen, wie er aussehen soll: »So um fünf Uhr wecke ich euch, und dann kuscheln wir noch ein bißchen. Und dann hole ich die Brötchen in meinem Tornister. Und danach müßt Ihr mir meine Schultüte geben, und wir gehen zur Schule. Und nach der Schule suche ich ein Restaurant für uns aus. Abends kann ich dann bestimmt schon rechnen.«

Gutgelaunt kommen Tim und ich aus der Stadt zurück. Haben für das Schulkind neue Jeans gekauft und einen Tisch in Tims Lieblingsrestaurant reservieren lassen. »Für mich und meine Eltern«, hat er stolz verkündet. »Wir feiern nämlich meine Schule.«
Doch Axel hört uns kaum zu, schickt Tim aus dem Zimmer, läuft nervös auf und ab und reibt sich die Hände: »Thea hat angerufen.«
»Thea hat angerufen?« Ich kann es kaum glauben.
»Sie kommt morgen nachmittag vorbei, um Tim zu besuchen.« Ich merke, das ist noch nicht alles. Axel schaut mich an: »Sie besteht darauf, mit zu Tims Einschulung zu gehen. Sie sagt, sie ist schließlich seine Mutter!«
»Was soll das heißen, sie will mit zur Einschulung kommen? Und ich?« Axel zuckt hilflos mit den Schultern: »Vielleicht kann ich ihr das ja noch ausreden . . .«
Vielleicht. Vielleicht aber auch nicht! Ein halbes Jahr lang hat sie kein Wort von sich hören lassen. Hat sich nicht einmal nach ihrem Sohn erkundigt. Und jetzt fällt ihr ein, daß sie Mutter ist. Meine Gedanken überschlagen sich. Und ich? Wer bin ich? Die Kinderfrau, die Putzfrau? Oder nur Lückenbüßer?
Der Mohr hat seine Schuldigkeit getan, der Mohr kann gehen!
»Nun reg dich nicht so auf«, versucht Axel mich zu trösten, »wir kriegen das schon irgendwie hin. Jetzt sollten wir erst mal mit Timmy reden.«
Der sitzt auf dem Fußboden und geht seiner derzeitigen Lieblingsbeschäftigung nach. Er spielt Krieg. Während sich die grünen Ritter noch tapfer in ihrer Burg verschanzen, proben die gelben den Angriff. »Tim«, sagt Axel, »hör mal einen Moment zu.«
»Ich hab keine Zeit. Ich muß jetzt kämpfen!« Und wie du das mußt, denke ich und habe das Gefühl, Tim ahnt schon längst, was auf ihn zukommt.
»Tim, bitte!« Axels Ton wird eine Spur schärfer . . .
»Peng, pomm, krr!« . . . und Tims Schlachtrufe lauter.
»Tim, Thea hat angerufen. Sie kommt dich morgen nachmittag besuchen.«
Totenstille. Der Kampf kommt abrupt zum Stillstand. Vier

Sekunden, fünf Sekunden lang ist kein Geräusch zu hören. Dann geht es plötzlich los. Für die Gelben gibt es kein Halten mehr. Mit Wutgeheul und brachialer Gewalt stürmen sie die Festung und lassen keinen Stein auf dem anderen.
»Nun sind sie alle tot«, stellt das Kind befriedigt fest und beginnt, das nächste Schlachtfeld abzustecken. Theas angekündigten Besuch kommentiert er nicht.

Der nächste Tag

Ich bin nervös. Axel ist nervös. Nur Tim ist nichts anzumerken. Mit einem wahren Pokerface sitzt er am Frühstückstisch und läßt sich in epischer Breite darüber aus, wie ein Kran funktioniert. Kein Wort von Thea.
Pünktlich um drei Uhr klingelt es. Axel und Tim machen die Tür auf. »Mensch, bist du groß geworden, mein Kleiner«, höre ich Theas Stimme bis in mein Zimmer. »Tach«, sagt Tim, »ich zeig dir mal meine Ritter. Die sind ganz schön gefährlich.«
Er hatte sich die Zeit bis zu Theas Ankunft damit vertrieben, seinen Teppich in ein riesiges Heerlager zu verwandeln. Als er dann auch noch seine (Plastik-)Ritterrüstung anlegen wollte, hat Axel protestiert. Er wird schon wissen, wovor er sich panzern muß, denke ich, sage aber nichts.
»Also«, höre ich den Sechsjährigen dozieren, »du bist jetzt die grünen Ritter und ich die gelben. Und wenn ich dich dann angreife, mußt du ...«
Doch offensichtlich ist Thea nicht gekommen, um sich auf eine Schlacht einzulassen. Zumindest nicht mit Tim. Nach kurzer Zeit steht er bei mir im Zimmer. »Die wollen miteinander reden«, verkündet er, »und ich soll nicht stören.«
»Na, dann kannst du ja mit mir einkaufen gehen«, schlage ich vor. Axel und Thea sitzen am Küchentisch. »Hallo«, sage ich unverbindlich. Sie nickt mir zu. Beide vermeiden wir es, uns direkt anzusehen.
»Wir gehen einkaufen«, verkündet Tim. »Bist du dann noch da, wenn ich wiederkomme?«
»Na klar«, meint sie.
Beim Zurückkommen hören wir schon im Flur ihre erregten

Stimmen, die schlagartig verstummen, als wir in der Tür stehen. »Hey, Tim, willst du eine Probefahrt mit meinem neuen Auto machen?« fragt Thea. Tim ist begeistert. Die beiden ziehen los. »Wir telefonieren noch«, läßt Thea Axel wissen, und weg ist sie.

»Und???« frage ich und merke erst jetzt, wie ich zittere. »Sie hat einen Freund, bei dem wohnt sie auch. Der ist sehr kinderlieb. In Zukunft möchte sie Tim regelmäßig am Wochenende sehen.«

»Und was, um alles in der Welt, hat sie im letzten halben Jahr gemacht?«

»Sie sagt, sie wollte uns eine Chance geben, uns aneinander zu gewöhnen. Zur Einschulung will sie auf jeden Fall kommen. Sie läßt sich nicht davon abbringen.«

»Na, dann wünsche ich euch viel Spaß. Dann könnt ihr drei ja als Vater, Mutter und Kind gehen.«

Ich lege allen Sarkasmus, den ich zusammenkratzen kann, in meine Stimme und packe wütend die Einkaufstasche aus. Erst als mir die Milchtüte aus der Hand fällt, spüre ich meine Verzweiflung. Axel hilft beim Aufwischen, und ich kann die Tränen nicht länger zurückhalten: »Wie geht's denn jetzt weiter? Fängt alles wieder von vorne an?«

Es klingelt. Tim kommt hereingestürmt. In einer Hand einen Stoffhund, in der anderen einen Kaktus. »Tutte mal. Hab ich von meiner Mama. Und wenn ich am Wochenende zu ihr fahre, hab ich da auch mein eigenes Zimmer. Und Ria wartet dann auch auf mich. Und mit Josef kann ich angeln gehen. Tutte doch mal!« Energisch stößt er mich von der Seite an.

»Schön«, sage ich und, »denk an dein ›K‹. Das kannst du doch jetzt. Ich leg mich mal ein bißchen hin. Mir ist nicht gut.«

Schnell schließe ich in meinem Zimmer die Fenster, ziehe die Vorhänge zu. Ich weiß, sie sitzen da draußen. Und ich will sie nicht sehen und hören, die beiden Täubchen mit ihrem

»Rucke di guh, rucke di guh...«

3. August – Der Tag vor Tims Einschulung

»Tim«, sage ich, »die Situation ist jetzt ziemlich schwierig geworden. Es gibt zwei Möglichkeiten: Entweder Thea geht mit zu deiner Einschulung oder ich. Das mußt du entscheiden.«
Er schaut mich mit großen Augen an: »Warum? Warum könnt ihr denn nicht beide kommen?« Warum nicht? Es gibt keine logische Begründung. Ich weiß nur, ich könnte es nicht ertragen, neben Thea zu stehen als... Als was eigentlich? Als Stiefmutter? Noch kann ich meine Rolle nicht akzeptieren. Vor allem nicht nach den ganzen Problemen, die es gegeben hat. Und ausgerechnet jetzt, wo ich das Gefühl habe, wir nähern uns langsam einander an, taucht sie wieder auf...
Ratlos habe ich am Morgen zum »roten Telefon« gegriffen und bei Frau Hain angerufen. Notfall! Was soll ich tun?
Für sie sieht alles ganz einfach aus: »Lassen Sie Tim entscheiden. Sagen Sie ihm, daß er nicht beide Mütter gleichzeitig haben kann und wählen muß. Das ist sicherlich schmerzhaft für ihn. Aber ehrlich – es entspricht Ihrer jetzigen Realität. Ich bin sicher, er kann das verkraften! Und danach informieren Sie Tims Mutter über seine Entscheidung.«
Hilfesuchend schaut Tim jetzt seinen Vater an: »Warum?«
Der nimmt ihn liebevoll in den Arm: »Tja, Tim. Es ist nun mal so. Manchmal kann man einfach nicht beides haben.«

»Da warnten es die guten Zwerglein und sprachen: ›Hüte dich vor deiner Stiefmutter‹«...

Ich fühle mich schlecht, möchte wieder einmal am liebsten meine Koffer packen und gehen. Habe ich denn überhaupt das Recht, das Kind vor eine derartige Entscheidung zu stellen?
Tim fängt an zu weinen, und ich kann meine Tränen auch nicht länger zurückhalten. Tim sieht aus dem Fenster. »Hörst du den Trommler?« will er wissen. »Was sagt er dir?«
»Ich weiß nicht, Tim. Was sagt er?«
»Er sagt«, der Sechsjährige bemüht sich um ein ganz deut-

liches ›K‹, »Komm. Komm! Weil wir doch auch schon den Tisch im Restaurant bestellt haben.« Zu dritt sitzen wir noch eine ganze Weile auf der Couch. So richtig wohl ist uns allen nicht.
Abends, nachdem wir ein aufgeregtes (Vor-)Schulkind ins Bett gebracht haben, ruft Axel bei Thea an. Über Tims Entscheidung kann sie nur lachen. Kein Mensch könne ihr verbieten, zur Einschulung ihres Sohnes zu kommen. Irgendwann wird Axel laut.
Ich nehme ihm den Hörer aus der Hand und versuche ein Gespräch. Das geht allerdings völlig daneben. Alles, was sich bei mir und bei Thea an Aggressionen gegeneinander aufgestaut hat, bricht nun aus uns heraus.
Ich werfe ihr vor, daß sie sich von Tim immer nur gestört fühlte, sich nie richtig um ihn gekümmert und ihn mir nur allzugern überlassen habe: »Und jetzt wollen Sie plötzlich wieder liebevolle Mutter spielen. Nachdem Sie sechs Monate verschwunden waren!«
Sie behauptet, nur zum Wohl von Tim auf ihn verzichtet zu haben: »Ich wollte ihm diese ewigen Streitereien ersparen. Trotzdem bleibe ich immer seine Mutter und habe es nicht nötig, mich vor Ihnen in irgendeiner Form zu rechtfertigen.« Thea legt den Hörer auf.
»Okay«, lasse ich Axel wissen, »ohne mich. Dann gehst du morgen eben mit Kind und Exfrau. Ich bleibe hier.« Axel schüttelte den Kopf: »Nein, dann bleib ich auch hier!«
»Und wer geht dann mit mir?« ertönt ein zitterndes Stimmchen. In der Tür steht Klein-Timmy, Teddy Mecki dicht an sich gepreßt. Wie lange mag er von dort schon zugehört haben? Axel und ich schauen uns hilflos an.

»Hüte dich vor deiner Stiefmutter...«

Ich nehme den schluchzenden Jungen auf den Schoß und versichere ihm: »Tim, wir lassen dich doch nicht allein. Keine Bange, wir gehen schon beide mit.«
»Versprichst du das?«
»Ja, Tim. Das verspreche ich. Wir schaffen das schon. Und jetzt ab ins Bett!«

4. August '86

Mit Tim in der Mitte machen wir uns auf den Weg zur Schule.

»Sie gingen den ganzen Tag über Wiesen, Felder und Steine. Als es Mittag war, sahen sie ein schönes, schneeweißes Vöglein auf einem Ast sitzen, das sang so schön, daß sie stehenblieben und ihm zuhörten.«

Doch das Täubchen sehe wohl nur ich. Es begleitet uns und läßt hin und wieder sein leises

»Rucke di guh, rucke di guh«

ertönen. Nicht nötig, ich kenne meine Pflicht.
Vor der Schule ist bereits eine bunte Menschenmenge versammelt. Mama, Papa, Opa, Oma – keiner will sich den großen Tag entgehen lassen. Dem Fotografen mit dem Schild »Mein 1. Schultag« zeigt Tim sein strahlendstes Lächeln, um sich dann mit einem kleinen Schrei einen Weg durch die vielen Menschen zu bahnen. Thea ist da. Mit Freund, Kamera und einer weiteren Schultüte. Sie schließt ihren Sohn in die Arme, ihr Freund bannt die Szene aufs Zelluloid.
Axel folgt Tim, wohl um sie zu begrüßen. Ich hole tief Luft, kann aber die Tränen nicht unterdrücken. Was zum Teufel mache ich hier eigentlich? Ich gehe auf den Schulhof, versuche, mich zusammenzunehmen. Nein, ich bin nicht Tims Mutter. Die steht da draußen. Werde es auch nie sein. Ich bin...
Da sehe ich das zweite Täubchen, nur ein paar Meter von mir entfernt. So dicht hat es sich noch nie an mich herangewagt, und fast drohend schaut es mich mit seinen schwarzen Augen an und läßt mich wissen:

»Rucke di guh, Stiefmutter bist du! Stiefmutter bist du!«

Und wenn ich dir nun einfach den Hals umdrehe, überlege ich? Wäre ich dich dann los? Ein für allemal?

»Rucke di guh, rucke di guh...«

Langsam gehe ich zurück. Am Ende des Schulhofs stehen Vater und Sohn, Hand in Hand, und warten auf mich:

»Tomm, Lene, tomm«, ruft Tim, »wir müssen gehen.« Er nimmt mich an die Hand, und zu dritt machen wir uns auf den Weg. Wieder einmal. Tim, Axel und:
Ich, Lene, im August ’86 zwei Jahre Stiefmutter. Und weiter?

Das dritte Jahr

Zweites Augustwochenende '86

»Tschüs, Tim, und ein schönes Wochenende!« Doch der Kleine nimmt mich gar nicht mehr wahr und stürmt nach draußen. Ich stehe am Fenster und sehe den beiden nach: Vater und Sohn auf dem Weg zu Exfrau und Mutter. Tims erstes Wochenende bei Thea!

Wir waren alle drei schon Tage vorher nervös. Gestern abend gerieten Tim und ich dann in einen heftigen Streit. Axel hatte mal wieder Spätdienst. Tim war nicht nur aufgeregt, sondern geradezu hysterisch. Erst wollte er überhaupt nichts essen, dann wieder doch, um mir am gedeckten Tisch schließlich mitzuteilen: »Ich hab mich umentschieden.« Als ich darauf bestand, wenigstens etwas zu trinken, brach er in Tränen aus und verkroch sich in seiner Höhle.

»Tim, ich kann verstehen, daß du aufgeregt bist, aber wir sollten trotzdem versuchen, auch heute abend miteinander klarzukommen.« Doch Tim hält sich die Ohren zu und teilt mir mit: »Ich kann dich überhaupt nicht hören. Und außerdem ist das mein Zimmer. Geh weg.« Aber diesmal lasse ich mich nicht so abspeisen: »So, mein Junge, jetzt hör mir mal zu...«

»Ich bin aber nicht dein Junge. Ich bin überhaupt nicht dein Junge. Und ich will auch gar nicht hören.« Ich versuche, mich zusammenzunehmen, merke aber, daß ich sehr wütend werde: »Weißt du was, Tim? Rutsch mir doch den Buckel runter.« Ich drehe mich um, ziehe die Tür ins Schloß und weiß nicht, wohin mit meinem Ärger. Drei Minuten später schallt »Benjamin Blümchen« mit seinem nervtötenden »Tärö tärö tärö« durch die ganze Wohnung. Tim hat seinen Kassettenrecorder voll aufgedreht.

»Entweder du stellt das Ding auf Zimmerlautstärke, oder ich nehme es dir weg«, wutschnaubend stehe ich vor seinem Bett. Der kleine Blondschopf schaut mich böse an: »Daß du es weißt, du darfst mir das gar nicht wegnehmen.«

»Na, das werden wir ja sehen!«

»Dann sag ich das Papa.«

»Und?«
Tim baut sich mit seinen beeindruckenden 120 Zentimetern vor mir auf: »Und dann, und dann, sag ich's nämlich auch noch meiner Mama. Gleich morgen!«
»Mach doch«, fauche ich ihn an, »erzähl doch, was du willst.«
»Mach ich sowieso«, gibt Tim nicht weniger gereizt zurück.
Für einen Moment bin ich auch sechs Jahre alt und würde diesem kleinen Stinkstiefel vor mir am liebsten die Haare ausreißen, wie ich das damals mit Vorliebe an meiner besten Freundin praktiziert habe.

»Nun ärgerte sich die Stiefmutter noch viel mehr und überlegte, wie sie der Tochter des Mannes Böses antun könnte...«

Wir starrten uns an, bis ich plötzlich lachen muß.
»Mensch, Tim, das ist doch albern. Komm, wir müssen uns doch nicht streiten. Du gehst jetzt in die Badewanne und dann ins Bett, okay?«
»Ich geh aber nicht in die Badewanne. Und streiten tue ich mich überhaupt nicht. Ich will nur meine Ruhe.« Tim ist nicht bereit, einzulenken.
»Na gut, dann badest du eben nicht und gehst so ins Bett. Jetzt gleich!«
Der Sechsjährige weiß, wann er die Schlacht verloren hat. Als ich ihm ein paar Minuten später gute Nacht sagen will, hat er sich fest in seine Decke eingerollt und hält scheinbar Winterschlaf. Ihm ist kein Wort mehr zu entlocken!
Axel findet die Geschichte höchst amüsant. Wir ahnen beide nicht, daß diese Auseinandersetzungen in Zukunft regelmäßig stattfinden werden. Regelmäßig an den Abenden bevor Tim zu seiner Mutter fährt. Er kann das Hin und Her offensichtlich nicht verkraften. Verschafft sich auf diese Art ein Ventil, uns guten Gewissens zu verlassen. Da ich mich so bereitwillig darauf einlasse, scheint es mir ähnlich zu gehen. Doch das sollte ich erst viel später erkennen, als das Kind bereits buchstäblich in den Brunnen gefallen ist.
Irgendwann ist Axel wieder da. Erst als ich das Auto unten sehe, wird mir bewußt, daß ich die ganze Zeit am Fenster

gestanden habe. Wie Gretel hatte auch ich Angst, Axel könnte den Weg zurück zu mir nicht finden.
Es ist ein strahlend schöner Sommertag. Wir schwingen uns auf die Fahrräder und versuchen vergeblich, uns unser Unwohlsein von der Seele zu strampeln. »Schon merkwürdig«, sinniere ich, »seitdem wir zusammen sind, habe ich davon geträumt, ein Wochenende mit dir allein zu verbringen. Ohne Kind! Jetzt ist es soweit – und ich könnte heulen!«
»Mir geht's genauso«, meint Axel, »ich kann dich jetzt aber viel besser verstehen. Als wir heute morgen bei Thea klingelten und sie dort mit ihrem Freund stand, war ich plötzlich richtig eifersüchtig. Ich hatte Angst, ich könnte Tim an diesen Mann verlieren.«
Wir machen an diesem Wochende all das, wovon wir schon lange geträumt haben: gehen ins Kino, danach noch zum Italiener, frühstücken am nächsten Morgen im Bett und fühlen uns doch die ganze Zeit ein wenig wie Hänsel und Gretel, die man allein im Wald ausgesetzt hat.
Um kurz nach fünf Uhr klingelt es. Thea steht in der Tür. Hinter ihr ein weinender Tim. Sie will sich von ihm verabschieden. »Laß mich«, schluchzt er, rast an uns vorbei in sein Zimmer. Auch Thea hat Tränen in den Augen: »Tut mir leid«, sagt sie, »aber ich kann das nicht ertragen. Kümmert euch um ihn. Bis in zwei Wochen!« Dreht sich um und verschwindet.
»Verdammt«, murmelt Axel und geht zu Tim. Aber auch er wird mit einem schluchzenden »Laß mich« wieder weggeschickt. Wir sitzen ratlos im Wohnzimmer. Nach einer Weile trötet Benjamin Blümchen durch die Wohnung. Tärö tärö! Erleichtert atmen wir auf.

»So kam Schneewittchen wieder zu sich und erzählte, was vorgegangen war.«

Mit einem himmelblauen Köfferchen in der Hand steht das Kind vor uns: »Tutte mal«, um sich gleich selbst zu verbessern, »guckt mal. Hab ich von Josef. Und von Thea.« Mich trifft fast der Schlag, als ich den Inhalt sehe: »Wieviel sind das?«
»Das sind alle, die mir noch gefehlt haben. Zweiundzwanzig!«

»Du meinst«, fragt Axel ihn fassungslos, »Thea und Josef haben dir 22 Benjamin-Blümchen-Kassetten geschenkt?«
»In dem Koffer. Das ist der Benjamin-Blümchen-Koffer. Schön, nech? Und Benjamin Blümchen auch noch.« Flugs zaubert der Kleine einen ebenfalls himmelblauen Stoffelefanten unter seinem Pullover hervor.
Axel faßt sich als erster wieder: »Na gut. Nun erzähl aber mal von deinem Wochenende. War's denn schön?«
»Ganz toll.«
»Was habt ihr denn gemacht?«
Tim zuckt mit den Achseln, spielt mit seinem Koffer: »Och... Ich hab jetzt keine Zeit. Ich muß Kassette hören. Ihr könnt mir ja mein Abendbrot in mein Zimmer bringen«, läßt er uns noch gönnerhaft wissen.
»Das kommt überhaupt nicht in Frage«, ertönt Axels und mein einstimmiger Chor. Tim dreht sich noch einmal um: »Kennt ihr ›Flitze Feuerzahn‹?« Wir schauen ihn nur an, Böses ahnend. »Flitze Feuerzahn kriege ich nächstes Mal. Das ist so ein kleiner Teufel!« Tim rührt sein Essen kaum an und verschwindet blitzschnell, sogar freiwillig, in seinem Bett. Benjamin Blümchen dröhnt ihn in seine Träume.
Ein kräftiges »Tärö tärö« reißt uns dann in der Nacht aus tiefstem Schlaf. Es ist vier Uhr morgens! Mit einem Satz stehen wir in Tims Zimmer. »Was zum Teufel...«, will Axel lospoltern, doch ein Blick in das verweinte Gesicht seines Sohnes läßt ihn schlagartig verstummen. »Ich kann nicht schlafen. Ich hab so Bauchweh. Im Kopf.« Und die Tränen fangen bereits wieder an zu kullern. Axel legt sich zu ihm und nimmt ihn in den Arm. Ich gehe in die Küche. Sehe aus dem Fenster. Wie soll das bloß weitergehen?
Auf dem Balkon höre ich ein vertrautes

»Rucke di guh, rucke di guh.«

Ach, Tim! Mein Stiefsohn. Sechs Jahre alt. Zwei Mütter, jetzt wohl auch noch zwei Väter und 25 Benjamin-Blümchen-Kassetten.

Mitte August ’86

Erster Elternabend in Tims Schule. Frau Rode, die Lehrerin, eine gestandene Endvierzigerin und nach eigenem Bekunden seit zwanzig Jahren im Schuldienst, hat auch die Eltern gut im Griff. Als erstes ist eine allgemeine Vorstellungsrunde angesagt. Lupenreine Mittelschichtseltern, dem Anschein nach alle wohlsituiert, sitzen um uns herum. Die Fassaden, die sie zeigen, haben keinerlei Risse. Unsere dafür um so mehr.
Stolz ergreifen die anwesenden Väter das Wort: »Wir sind das Ehepaar Müller, und zu uns gehört Frank« oder »Schulze, mein Name. Mir gehört die Martina.«
Nur Axel und ich gehören wohl niemandem: »Ich bin Alexander Doeren, Vater von Tim.« Ich hole tief Luft.

»Ach, wie gut, daß niemand weiß, daß ich Rumpelstilzchen heiß!«

Unter dem Tisch drückt Axel aufmunternd meine Hand, denn nun sind alle Augen auf mich gerichtet. »Ich heiße Helene Horn und bin sozusagen die Stiefmutter von Tim« – und würde mich jetzt am liebsten wie Rumpelstilzchen selbst entzweireißen, um diesen neugierigen Blicken zu entgehen. Statt dessen schicke ich ein geradezu entschuldigendes Lächeln in die Runde. Es bleibt unerwidert. Der Putz unserer Fassade bröckelt heftig.
Nächster Schritt: Wahl der Elternvertreter. Frau Rode bemüht sich nach Kräften, jede und jeden Anwesenden für die Kandidatur zu begeistern: »Denken Sie daran, es geht um die Vertretung Ihrer Kinder.«
An mir bleibt ihr, wie ich mir einbilde, strenger Blick haften: »Laut Erlaß des Kultusministeriums sind nur leibliche Eltern dazu legitimiert. Aber das wissen Sie wohl!«

»Rucke di guh, rucke di guh, Stiefmutter bist du!«

Ja, das weiß ich. Als Stiefmutter verfüge ich über keinerlei Rechte. Dafür aber über um so mehr Pflichten. Und wenn es nur die eigenen Zwänge sind. Beim Verabschieden fordert Frau Rode Axel und mich auf, noch einen Moment zu bleiben.

»Mit Scheidungswaisen ist es ja immer etwas schwierig«, beginnt sie das Gespräch. Wir schlucken. »Aber Tim scheint in einer besonderen Krise zu stecken. Ich habe das Gefühl, ihn im Unterricht überhaupt nicht zu erreichen. Es ist so, als wenn er...«, und sie sucht nach Worten »Hinter einer Wand ist?« assistiere ich. »Ja, genau so. Wie eine Wand aus Glas. Nun ja, diese Kinder haben eben einen Schaden fürs Leben. Eventuell muß er noch einmal zurückgestellt werden und ein Jahr in den Schulkindergarten gehen. Das wird sich in den nächsten Monaten zeigen.«
Und vor meinem geistigen Auge sehe ich sofort wieder die beiden Damen vom Jugendamt, die für Tim die Vormundschaft beantragen wollten. Oh, nein! »Ich glaube«, versichere ich Frau Rode, »Tim braucht nur viel Zeit und etwas Geduld.«
»Ob er dann aber das Klassenziel erreicht?« So einfach ist die Pädagogin nicht zu überzeugen. »Lassen Sie uns doch regelmäßig in Kontakt bleiben«, schlage ich vor. Damit ist sie einverstanden und gibt uns sogar noch ihre private Telefonnummer. Wir können sie jederzeit anrufen. »Eins schwöre ich dir«, sage ich zu Axel auf dem Heimweg, »Tim ist keine Scheidungswaise und wird auch nie eine sein!«
Und irgendwo in der Dunkelheit höre ich das zustimmende Gurren der beiden Täubchen.

Herbst '86

Kann Chaos planbar sein? Zumindest vorhersehbar. So regelmäßig, wie Tim jetzt seine Wochenenden bei Josef und Thea verbringt, so zwangsläufig folgen seine Zusammenbrüche. Der Kleine balanciert auf einem dünnen Seil. Mal schwankt er mehr, mal weniger. Aber er findet nie sein Gleichgewicht.
Wie artistisch seine Verrenkungen, um sich oben zu halten, tatsächlich sind, erfahren wir, wie immer, eher nebenbei. Ein Freitag abend, bevor er zu Thea fährt. Das Telefon klingelt.
»Tim, geh mal bitte ans Telefon«, rufe ich aus der Küche.
»Ich höre nichts«, antwortet ein piepsiges Stimmchen.

»Tim, nun geh schon.«
»Och nee. Ist bestimmt keiner dran.«
Ist das wirklich Tim? Der sonst so neugierig ist, daß er sich nicht mal mit Namen meldet, sondern gleich sein »Wer is'n da?« in den Hörer trompetet.
Das Telefon schweigt inzwischen. »Siehste«, meint Tim, »hat schon aufgehört.«
»Vielleicht war das aber Axel, der uns etwas Wichtiges sagen wollte.«
»Oder Thea«, murmelt der Sechsjährige leise, der seine Mutter seit dem Sommer nur noch mit Vornamen anredet.
»Wieso denn Thea? Die siehst du doch morgen.«
Er rührt heftig in meiner Suppe: »Und wenn sie keine Zeit für mich hat?«
»Seit diesem Sommer haben eure Verabredungen doch aber gut geklappt, findest du nicht?«
Im gleichen Moment fällt mir ein, daß seine Wochenendberichte vorzugsweise von Josef handeln. Daß Josef ihn sonntags auch schon einige Male zurückgebracht hat. Inzwischen rinnen meine Suppe und Tims Tränen gleichermaßen vom Herd. Die Suppe kann ich abstellen. Aber das Kind? Ich will es auf den Schoß nehmen, bekomme aber nur ein »Laß mich« zur Antwort.
Ratlos sehe ich es an. »Möchtest du, daß Thea sich mehr um dich kümmert?« Blöde Frage, denke ich sofort, natürlich möchte er das. Aber der Zwerg kämpft wie das tapfere Schneiderlein:

»Ich will schon allein mit den Riesen fertig werden.«

»Ist ja nur, daß es sein könnte.«
»Daß was sein könnte, Tim?«
»Daß sie eben keine Zeit hat.«
Bevor ich etwas erwidern kann, fügt er schnell und entschuldigend hinzu: »So wie alle eben immer nie keine Zeit haben. Ihr habt ja auch nie keine Zeit. Ich geh jetzt Kassette hören. Und deine Suppe will ich auch nicht.«

»Und das Schneiderlein sprach: ›Die Riesen will ich schon bändigen und habe die hundert Reiter dabei nicht nötig.‹«

Axel kehrt bleich und zittrig zurück. Als er Tim bei seiner Mutter abliefern wollte, war niemand da. Tim geriet sofort in Panik, fing an zu weinen: »Sie ist weg. Sie wohnt hier nicht mehr.« Er ließ sich auch von Axel nicht beruhigen, war keinem Argument mehr zugänglich.
»Er stand einfach da«, erzählt Axel, »flüsterte irgend etwas vor sich hin und reagierte überhaupt nicht. Als Thea dann schließlich um die Ecke bog, fiel er ihr um den Hals, und alles war vergessen. Ich übrigens auch«, fügt er etwas bitter hinzu.
Noch am selben Abend ruft Thea an. Tim habe hohes Fieber und Brechdurchfall. Es sei wohl besser, sie bringe ihn zurück. »Er hat ja recht«, sage ich zu Axel, »es ist ja auch wirklich zum Kotzen!«
Alle drei versammeln wir uns wenig später schuldbewußt um sein Bett. Dem kleinen Mann geht es wirklich schlecht, aber trotzdem kann ich ein schwaches Leuchten in seinen Augen erkennen. Und das kommt nicht nur vom Fieber. Zwar hat er nicht sieben auf einen Streich erledigt, aber dafür immerhin uns drei Erwachsene.

»Also war und blieb das Schneiderlein sein Lebtag König.«

Nur, zu welchem Preis?

Unser Alltag wird immer komplizierter. Alle drei tanzen wir auf einem Vulkan. Noch ist es an der Oberfläche relativ ruhig, doch darunter brodelt und gärt es. Wir warten auf den Ausbruch, als müßten wir uns einer unabänderlichen Naturgewalt ausliefern.
Tim versucht, die Realität, mit der er nicht leben kann, zu ersetzen. Seine Hilfsmittel heißen Krankheit und Phantasie. Er wird zum Schöpfer seiner eigenen Welten und stellt uns damit vor schier unlösbare Probleme.
Ich beginne, mich vor jedem neuen Morgen zu fürchten. Wenn wir Tim wecken wollen, hören wir immer häufiger sein: »Ich glaub, ich bin krank.« Und er ist es. Eine Kette ohne Ende. Sein Schnupfen wird zur Dauereinrichtung, begleitet von Hals- oder Mittelohrentzündung. Dazu kommen

die üblichen Kinderkrankheiten und immer wieder Bauchweh und Fieber.
»Ehrlich gesagt«, meint der Kinderarzt, »ich bin da selbst ratlos. Vielleicht sollte er mal zu einer Kinderkur fahren.« Aber der Sechsjährige braucht keine Kur in einem Heim, soviel ist uns klar. Noch weniger braucht er allerdings die zahlreichen Antibiotika, die der Arzt uns immer wieder aufschwatzen will. Erst als Tim innerhalb eines halben Jahres dreimal hintereinander an Scharlach erkrankt, kehren wir der Schulmedizin den Rücken. Aber bis dahin verzweifeln wir fast.
Verständnisvolle Kolleginnen und Kollegen ermöglichen es mir, einen Großteil meiner Arbeit mit nach Hause zu nehmen. Ich hetze zwischen Redaktion und Wohnung hin und her. Zeige Tim mit Hilfe von Spieluhr und echter Uhr, in wieviel Minuten ich zurück sein werde. Und wehe, ich verspäte mich! Innerhalb von wenigen Tagen lernt Tim auf diese Art, die Uhr zu lesen.
Axels Probleme, Arbeitszeit für seinen Sohn freizuschaufeln, sind ungleich größer. Als (Stief-)Mutter wird mir, in Ausübung der traditionellen Frauenrolle, Verständnis entgegengebracht. Aber Axel erfährt von Kollegen und Vorgesetzten deutlich, daß es für einen Mann zwar in Ordnung ist, Kinder zu zeugen, aber nicht, für sie zu sorgen. In diesem Herbst sehen wir uns an vielen, zu vielen Tagen nur noch in der Kantine des Verlags. Beim Essen oder schnellen Kaffeetrinken organisieren und planen wir unseren Alltag.
Soziale Kontakte bleiben dabei fast völlig auf der Strecke. Sowohl zum Kollegenkreis als auch zu meinen Freundinnen. Sie fühlen sich von mir wohl auch ausgenutzt, wenn ich anrufe und sie bitte, mal schnell aufs Kind aufzupassen, während ich einkaufe oder ein paar Stunden in die Firma fahre – fürchte ich zumindest. Außerdem ist mir das auch peinlich. Ich, die überzeugte Feministin, soll Freundinnen zum Kinderhüten einladen? Da verzichte ich lieber ganz auf die noch bestehenden Kontakte. Manchmal schäme ich mich meiner neuen Rolle.
Tim will auch keine anderen Babysitter. Er will uns, das heißt vorzugsweise natürlich Axel, ersatzweise mich. Und

sein Kranksein erfüllt den Zweck. Er hat unsere volle Aufmerksamkeit, schafft es sogar hin und wieder, Thea an sein Bett zu holen. Sie kommt mit vielen Geschenken und ganz wenig Zeit. Aber sie kommt!

Tim akzeptiert die Realität nicht. Den Alltag, den wir ihm aufzwingen wollen, bekämpft er. Mit allen Mitteln: mit Krankheit, mit seinen Kassetten, mit Phantasie. Er versucht, sich eine eigene Welt zu bauen. Eine Welt, die nur ihm gehört. Die kein Erwachsener kaputtmachen kann.

Ich telefoniere inzwischen regelmäßig mit seiner Lehrerin, weil Tim ja viel Unterricht versäumt. Intellektuell macht ihm das gar keine Probleme. Zu Hause lernt er besser als in der Schule. Wenige Tage nach den Herbstferien ruft Frau Rode abends an. Sie klingt leicht verärgert: »Ich wollte mich nur nach Tims neuer Adresse erkundigen«, sagt sie. »Wir sind nicht umgezogen«, teile ich ihr irritiert mit. »Sie nicht, aber doch wohl Tim.«
Wie sich herausstellt, hat Tim ihr stolz berichtet, er würde jetzt bei seiner Mutter wohnen. Das sei zwar etwas umständlich, weil sie jeden Morgen fünfzig Kilometer fahren müßten, aber seiner Mama würde das nichts ausmachen. Die sei nämlich genau wie er Frühaufsteher. Und weiter: »Wenn ich dann in der Schule bin, geht sie solange mit Ria spazieren. Das ist unser Hund. Und Ria haben wir ganz doll lieb. Mittags fahren wir dann alle drei wieder zurück.«
Tim hat seine Geschichte so überzeugend vorgebracht, daß Frau Rode überhaupt keine Zweifel hatte. Nun erkundigt sie sich vorsichtshalber auch gleich, ob denn die Sache mit den Ferien stimme: »Er hat erzählt, er sei mit Mutter und Hund auf einem Bauernhof gewesen. Die Kinder haben ihn alle beneidet, so tolle Dinge hat er dort erlebt. Ist das etwa auch nicht wahr?«
»Ich fürchte, nein«, antworte ich leise, »das ist wohl eher Tims ganz persönliche Wahrheit.«

»Als das Mädchen eine Zeitlang bei Frau Holle war, merkte es, daß es Heimweh hatte; obgleich es ihm hier vieltausend-

mal besser ging als zu Hause, so hatte es doch ein Verlangen dahin.«

Ein Sonntag im Oktober '86

Josef bringt Tim am späten Nachmittag zurück. Tim ist außergewöhnlich mitteilsam: »Wir haben fast das ganze Wochenende geangelt. Ganz toll! Nur Josef und ich. Und Ria, die war natürlich auch dabei. Und dann haben wir am See übernachtet.«
»Ihr habt am See übernachtet? Jetzt, im Oktober?«
»Wir hatten doch ganz dicke Schlafsäcke. Und Ria hat auch auf mich aufgepaßt. Weil...«, der Kleine macht eine Kunstpause, »weil, sonst wäre ich jetzt bestimmt tot.«
Ich bin plötzlich hellwach, und meine sämtlichen Stiefmütterinstinkte sind auf Alarm geschaltet: »Was ist passiert?«
»Na ja«, beginnt das Kind umständlich, »du weißt ja, daß ich nachts manchmal zur Toilette muß. Und Josef hat ganz doll geschnarcht. Da wollte ich ihn nicht aufwecken. Und dann bin ich alleine losgegangen und plötzlich in den See gefallen. Und da konnte ich nicht mehr stehen. Und schwimmen kann ich ja auch nicht, obwohl ich ja jetzt schon immer versuche...«
»Tim, ich weiß, daß du nicht schwimmen kannst. Erzähl bitte weiter.«
»Also, dann lag ich im See. Ungefähr so!« Er läßt sich auf den Teppich fallen, gibt glucksende Geräusche von sich, mimt den Ertrinkenden und macht mich langsam wahnsinnig.
»Tim, bitte erzähl weiter.«
»Ja, und dann war da plötzlich so was Weiches. Erst wußte ich ja nicht was, aber dann habe ich es schon geriecht.«
»Gerochen«, verbessere ich automatisch und sehr darum bemüht, meine Fassung nicht zu verlieren. »Und?«
»Ja, das war dann meine Ria. Sie kam angeschwommen und hat mich auf die Vorderpfoten genommen.«
»Sie hat dich auf die Vorderpfoten genommen?« frage ich ungläubig.
»Ja, so.« Das Kind streckt seine Arme nach vorn. »Also, ich lag dann auf den Pfötchen und mit ihren Hinterbeinen ist sie

ans Land gepaddelt. Hundepaddeln nennt man das!« fügt er belehrend hinzu.
»Und weiter?« frage ich, unfähig, das Erzählte in meinem Kopf zu sortieren.
»Ich war ja ziemlich naß. Vom Wasser und so. Da hat Ria mich dann trockengeleckt. Erst meinen Kopf, damit ich mich nicht wieder erkälte. Hunde sind nämlich ganz schön schlau. Und dann hat sie so lange geleckt, bis ich und alles ganz trocken war. Das hat ganz doll gekitzelt. Und dann hat sie mich zum Schlafsack getragen.«
»Auf ihren Vorderpfoten, nehme ich an.«
»Ja, und dann hat sie bis morgens ganz dicht neben mir gelegen und auf mich aufgepaßt. Wie auf ein Hundebaby! So ungefähr...« Tim rückt ganz dicht an mich heran.
Ich nehme ihn in den Arm und habe keine Ahnung, wie ich jetzt reagieren soll: »Hey, Tim, du weinst ja.«
»Nur ein bißchen, weil Ria mich so lieb hat und jetzt ganz bestimmt traurig ist.« Nach einer Weile steht er auf: »Ich geh jetzt Kassette hören. Übrigens, ich hab das Thea und Josef nicht erzählt. Die machen sich sonst solche Sorgen.«

»Sie gerieten immer tiefer in den Wald, und wenn nicht bald Hilfe kam, so mußten sie verschmachten.«

Axel ruft noch am selben Abend bei Thea an, um zu hören, was nun wirklich passiert ist. Josef hatte dem Kind ein Angelwochenende versprochen, aber dann doch keine Zeit gehabt. Und sie sei auch sehr beschäftigt gewesen. Tim habe wohl ziemlich viel Zeit vor dem Fernseher verbracht – mit Ria. Und sie will wissen, ob etwas nicht in Ordnung wäre. Bei ihnen sei es dem Jungen doch sehr gut gegangen.

»Vielleicht«, meint Frau Hain, als wir mit unserem Bericht am Ende sind, »ist es angebracht, mit Tim eine Spieltherapie zu beginnen. Sie haben recht, er braucht wirklich Hilfe.«
Axel und ich waren seit dem Ende unseres Urlaubs regelmäßig bei Frau Hain. Ohne ihre Beratung und Unterstützung hätten wir wohl beide die vergangenen Monate kaum überstanden. Doch jetzt zeigt sich immer deutlicher, daß wir auch Tim mit einbeziehen müssen und um eine Familientherapie nicht länger herumkommen.

Zu dritt fahren wir zu Tims erster Sitzung. »Meine Eltern haben mir gesagt, bei dir kann ich spielen. Aber ich glaub, mir gefällt das hier bei dir nicht. Du kannst ja zu mir nach Haus kommen. Ich habe viel bessere Spielsachen.« Tim zeigt sich von Frau Hains Angeboten relativ unbeeindruckt, läßt sich aber überreden, es mal zu versuchen. Axel und ich warten im Nebenzimmer.
Nach einer Stunde steht er mit hochrotem Kopf und völlig atemlos vor uns. »Ich habe ganz doll geboxt. Mit sooo einem großen Kissen. Und ich hab natürlich gewonnen«, fügt er lässig hinzu. »Gebaut haben wir auch«, ergänzt Frau Hain, »schauen Sie mal.«
Stolz zeigt uns Tim sein Werk. In einer großen Kiste, Fachjargon: Szenokasten, verbergen sich Menschen, Tiere, Requisiten – einfach alles. Tim hat sorgfältig ausgewählt und auf dem Teppich ein großes Gefängnis mit einem noch größeren Zaun entstehen lassen. »Und da sitzen sie jetzt alle drin«, verkündet er. Tatsächlich, sämtliche Erwachsenenfiguren sind eingesperrt. Draußen steht ein Kind mit Hund. »Und wenn die Erwachsenen nicht artig sind«, erläutert er, »dann müssen sie verhungern. Dann kommen sie nämlich nicht mehr wieder heraus. Überhaupt nie mehr.«

»Und die Hexe sperrte ihn hinter einer Gittertür ein; er mochte schreien, wie er wollte, es half ihm nichts.«

Tim ist begeistert von dem, was er geschaffen hat. »Läßt du das auch ganz bestimmt so stehen, bis ich wiederkomme?« will er von Frau Hain wissen. »Läßt du wirklich niemanden raus, bevor ich es sage?« Frau Hain verspricht es ihm – und hält ihr Wort.
Erst ein Jahr und viele Sitzungen später wird Tim nach und nach damit beginnen, die Erwachsenen einzeln zu befreien. Als erstes darf der Polizist gehen, »damit er auf die anderen gleich aufpaßt«, dann Arzt und Krankenschwester und schließlich der Vater. Hinten in einer dunklen Ecke sitzt nur noch die Mutter. Die erhält zwar ab und zu Ausgang, aber nachts wird sie immer wieder eingesperrt. Es ist für Frau Hain ein zähes Stück Arbeit, Tim davon zu überzeugen, auch die Mutter auf freien Fuß zu setzen.
Tim sei zur Zeit mit einem Pulverfaß zu vergleichen, erklärt

uns Frau Hain. Er stecke voller Aggressionen, mit denen er selbst überhaupt nicht klarkäme: »Wir müssen ganz vorsichtig den Deckel öffnen, sonst kommt es zu einer Explosion, die das Kind zerstören kann. Deshalb ist es auch so wichtig, ihn immer wieder sanft in die Realität zurückzuführen. Ihm vor Augen zu halten, was wirklich ist. Klare Grenzen zu ziehen, ihm klare Botschaften zu geben. Bloß keine zusätzlichen Verwirrspiele. Davon hat er mehr als genug gehabt.«

In den folgenden Monaten wechseln depressive und aggressive Phasen in ungeheurer Schnelligkeit. In einer Minute zieht sich der Sechsjährige völlig zurück, ist kaum ansprechbar, im nächsten Moment schlägt er geradezu um sich. Vornehmlich mit Worten.

»An manchen Tagen brauche ich eine viertel Schulstunde, um ihn zu beruhigen«, stöhnt seine Lehrerin. Wenn er nachmittags nach Hause kommt, hören wir ihn oft schon auf der Straße grölen.

»Lassen Sie ihn sich in seinem Zimmer austoben«, rät Frau Hain. In Ordnung, nur: Sie muß nicht mit ihm leben. »Treffen Sie klare Verabredungen, und halten Sie sich um Himmels willen dran!«

Als Tim beginnt, bei ihr Spielsachen mutwillig zu zerstören, warnt sie ihn, daß sie für jedes zerbrochene Teil zu ihm nach Hause käme und etwas von seinen Sachen beschädigen würde. Tim akzeptiert das. Nach einer besonders aggressiven Sitzung bringt er ihr beim nächstenmal ein Auto mit: »Das kannst du jetzt kaputtmachen. Als Ersatz!«

Winter '86/87

Wir lernen, zu dritt miteinander zu reden, uns gegenseitig zuzuhören – trainiert von Frau Hain. Familienkonferenzen werden zum festen Bestandteil unseres Alltags. Tim will alle Absprachen schriftlich festgehalten wissen. Wir erstellen Wochenpläne: Wer wann mit Tim aufsteht, wer ihm Essen macht, wer mit ihm spielt, wer ihn wann badet, wer ihm vorliest, wann wir weg sind, wann wir wiederkommen – wir leben in absoluter Planwirtschaft. Anhand dieser Pläne – und

nicht seines Abc-Buches – lernt Tim lesen. Schließlich will er genau kontrollieren, ob wir uns auch an alle Absprachen halten.
Für uns ist dieser Weg äußerst zeitraubend und mühselig und natürlich auch von Rückschlägen begleitet. Häufig in Gestalt von Thea. Sie hat sich vehement gegen Frau Hain und jegliche Therapie ausgesprochen und ist davon überzeugt, wir würden dem Kind »Probleme an den Hals reden«. Thea hat jegliche Mitarbeit abgelehnt und teilt das Tim auch immer wieder sehr deutlich mit.
Auch auf längerfristige Planungen bezüglich Tims Wochenenden bei ihr will sie sich nicht einlassen. »Ich bin beruflich zu sehr eingespannt und kann mich nicht festlegen«, sagt sie. Mich macht ihre Haltung ungeheuer wütend. Eine Wut, die ich, ähnlich wie mein Stiefsohn, geschickt tarne. Mit Resignation zum Beispiel. »Das hat doch alles überhaupt keinen Sinn«, halte ich Frau Hain vor, »wir strampeln uns ab, und sie tut, was sie will!« – »Und torpediert alles«, fügt Axel hinzu. Frau Hain sieht uns an: »Warum geben Sie dieser Frau eigentlich so viel Macht über sich?«
Warum? Ich denke lange und immer wieder darüber nach. Weil sie die vierte Person in unserem Haushalt ist? Als Axels Exfrau, als Tims Mutter ist sie in meinem Kopf stets präsent. Sozusagen vierundzwanzig Stunden am Tag. Ich konkurriere mit ihr. Mein Perfektionismus zwingt mich dazu, die bessere Lebensgefährtin, die bessere Mutter sein zu wollen.
Ich bin eifersüchtig, daß, egal was sie auch tun mag, sie immer Tims Mutter bleiben wird. »Das müssen Sie akzeptieren«, hämmert Frau Hain mir geradezu ein, »Sie werden niemals Tims Mutter sein. Er ist Theas Sohn.«

»Rucke di guh, rucke di guh, Stiefmutter bist du!«

Ich neide ihr die Leichtigkeit, mit der sie am Freitagabend bei Axel im Spätdienst anruft: »Tut mir schrecklich leid, aber ich habe jetzt am Wochenende wirklich keine Zeit für Tim. Du kannst ihm das bestimmt besser erklären.« Und wir können wieder einmal alle unsere eigenen Pläne begraben und müssen auch noch Tims berechtigte Enttäuschung mittragen.

Ich neide ihr Tims unerschütterliche Liebe. Egal was sie ihm antut, er wird nie aufhören, sie zu lieben. Natürlich spürt der Kleine meine Gefühle. Er zeigt mir immer wieder besonders gern seine Babyfotos: »Guck, da bin ich gerade aus Theas Bauch gekommen.« Oder: »Mein schönster Urlaub war, als ich mit Thea und Axel in Griechenland war. Kann ich mich noch ganz genau dran erinnern. Das war so toll.« Tim war damals ein Jahr alt.
Mit meinem Kopf kann ich ihn verstehen, doch mein Bauch sagt mir etwas völlig anderes: Eifersucht und Neid, Wut und manchmal sogar Haß auf ihn und vor allem auf sie. Ich wünsche sie an den hintersten Winkel dieser Erde und hoffe doch gleichzeitig, daß sie das Kind zu sich holt, mich damit aus diesem inneren – und äußeren – Chaos befreit.
Aber diese Gefühle kann ich noch nicht mal mir selbst eingestehen. Ich verstecke sie so sorgfältig, daß ich fast zwei Jahre brauche, um sie wiederzufinden, und noch länger, um sie endlich zu akzeptieren.

»Da wurden Neid und Mißgunst in ihrem Herzen rege und ließen ihr keine Ruhe.«

Weihnachten '86

Drei Tage vor Heiligabend beim Abendessen: »Ach, übrigens, ich wollt euch nur sagen, ich will Heiligabend bei Josef und Thea sein.« Axel und ich fallen aus allen Wolken: »Aber Tim, wir hatten doch entschieden, daß du am zweiten Weihnachtstag zu ihnen fährst und bis zum neuen Jahr dortbleibst.«
Der Junge strahlt uns an: »Schon, aber jetzt habe ich mich umentschieden.« Axel ist sehr bestimmt: »Wir haben bereits alles geplant, und ich möchte, daß du hierbleibst.«
»Will ich aber nicht und mach ich auch nicht«, Vater und Sohn starren sich an. Ihre Ähnlichkeit wirkt geradezu lächerlich. »Ich will zu meiner Mama«, fängt Tim zu heulen an.
»Vielleicht hat die aber auch ganz andere Pläne«, versuche ich es. »Hat sie nicht«, schreit der Sechsjährige los, »Ihr wollt bloß nicht, daß ich zu meiner Mama fahre. Ich will

aber«, und Klein-Rumpelstilzchen stampft mit dem Fuß auf. »Du fährst am zweiten Weihnachtstag.« Axels Stimme ist bei weitem nicht so ruhig, wie er versucht, sie klingen zu lassen.
Mit zwei Sätzen ist Tim am Telefon, und bevor wir reagieren können, hat er schon Thea am Apparat: »Die wollen nicht, daß ich zu dir komme.« Axel schickt ihn in sein Zimmer. Ich gehe in die Küche. Weiß schon jetzt, wie das Gespräch enden wird. Ich kenne Axels Argumente, Theas, Tims und meine. Irgendwie haben wir alle recht und doch wieder nicht.
Einer bleibt immer auf der Strecke, egal wie wir uns entscheiden. »Besser wir als das Kind«, versucht Axel mich nachher zu trösten.

»Da wurden Neid und Mißgunst in ihrem Herzen rege.«

Am nächsten Morgen schiebt sich eine kleine Gestalt vorsichtig zu mir ins Bett. »Du, Lene«, piepst es in mein Ohr. »Wir haben da was gebastelt. In der Schule. Für unsere Mutter. Das solltest du ja haben. Aber jetzt bin ich doch bei Thea...«
Ein echter Gewissenskonflikt! »Tim, das ist schon okay. Nimm es man ruhig mit«, beruhige ich ihn.
Erleichterung! »Na ja, bei Thea war ich ja schließlich auch im Bauch.«
Ich bekomme noch einen feuchten Kuß auf die Wange und – tap tap tap – ist er verschwunden.

»Rucke di guh, Stiefmutter bist du!«

Drei Tage später kehrt Axel grinsend von Thea zurück, bei der er Tim abgeliefert hat: »Hier. Soll ich dir geben. Mit einem schönen Gruß von Tim.«
»Was ist das?«
»Also, das sollte mal einen Engel aus Salzteig darstellen. Haben sie in der Schule gebacken. Für ihre Mütter. Und im Auto hat Tim ihn plötzlich aus dem Geschenkpapier gerissen und durchgebrochen. Eine Hälfte für dich, die andere für Thea.«
Bevor ich mich jedoch ganz meinen Tränen der Rührung

hingeben kann, ergänzt Axel: »Du hast aber die kleinere bekommen, weil...«
Wir sehen uns an und beenden den Satz im Chor: »Weil Tim ja bei Thea im Bauch war.«

Januar '87

Weihnachten verbringe ich mit Grippe im Bett. Silvester ist eine Stirnhöhlenvereiterung daraus geworden. Mitte Januar schüttelt der Internist mit dem Kopf, als ich erneut vor ihm stehe: »Ich kann es nicht verantworten, Ihnen noch mehr Antibiotika zu verschreiben. Schauen Sie«, er liest mir mein Krankenblatt des vergangenen Jahres vor.
Die Krankheiten von Tim registriere ich genau, kann sie einzeln aufzählen. Meine eigenen habe ich dagegen vergessen. Erinnere mich erst jetzt wieder, daß mich der Arzt im Sommer zu einem Neurologen geschickt hat, weil ich nur noch mit starken Medikamenten die ständigen Kopfschmerzen bekämpfen konnte. Im Herbst überwies er mich zum Hals-, Nasen-, Ohren-Spezialisten und im Dezember zum Lungenfacharzt. Noch mal schüttelt er den Kopf: »Ihr Immunsystem liegt völlig brach. Ihre körpereigene Abwehr hat den Kampf aufgegeben.«
Nicht nur die, denke ich und frage laut: »Was schlagen Sie vor?«
»Am besten schreibe ich Sie erst mal vier Wochen krank, damit Sie zu Hause ein wenig auf die Füße kommen.« Bloß das nicht. Der Beruf ist zur Zeit mein einziger Fluchtweg, mich dem häuslichen Chaos zu entziehen!
Und er fährt fort: »Im Anschluß fahren Sie umgehend zur Kur. Am besten in eine psychosomatische Klinik.« Es verschlägt mir vor Schreck die Sprache: Ich – zur Kur? Psychosomatisch? Doch der Doktor ist noch nicht fertig: »Entweder Sie unternehmen jetzt etwas, oder Sie werden chronisch krank. Und zwar, wenn ich die Befunde meiner Kollegen und dazu Ihr Blutbild anschaue, sehr krank!«
Mit der Krankschreibung in der Tasche schleiche ich mich von dannen. Keine Frage, er hat recht. Jede freie Minute verbringe ich im Bett und fühle mich trotzdem immer schlechter. Ich habe keine Energie mehr. Weder für Tim

oder Axel noch für meinen Job. Für mich selbst schon überhaupt nicht. Ich sehe auch keinerlei Perspektiven oder Veränderungen. So, als hätte ich »lebenslänglich«.
Dazu kommt mein ständiges schlechtes Gewissen: Tim gegenüber, weil ich ihn nicht so lieben kann, wie ich glaube, ihn lieben zu müssen. Weil er mir oft auf die Nerven geht und ich ihn immer stärker ablehne. Wie Axel. Wann habe ich ihn zum letzten Mal zärtlich in den Arm genommen?
Dem Job gegenüber: Innerhalb eines Jahres habe ich mich selbst ins Aus manövriert, finde nur noch Kraft für Routinearbeiten. Karriere? Überlasse ich anderen. Mir geht's darum, die täglichen acht Stunden zu überstehen.
Eigene Ansprüche: Was hatte ich für hochfliegende Pläne. Wollte wie das tapfere Schneiderlein die Welt erobern! Aus! Vorbei!
Das glauben wohl sogar die beiden Täubchen, denn ihr leises

»Rucke di guh, rucke di guh, Stiefmutter bist du«

klingt zum ersten Mal nicht anklagend oder ermahnend, sondern tieftraurig.

Ende Januar '87

Frau Hain ruft an: »Am kommenden Wochenende veranstaltet das Therapeutische Zentrum ein Seminar für Stiefmütter. Wollen Sie sich da nicht anmelden?« Ein Seminar für Stiefmütter? Bislang habe ich mich erst einmal selbst als »Stiefmutter« bezeichnet: Bei Tims erstem Elternabend. Und wurde prompt entsprechend stiefmütterlich behandelt.

»Da warnten es die guten Zwerglein und sprachen: ›Hüte dich vor deiner Stiefmutter...‹«

Ich – eine Stiefmutter?

»Wo gehste denn hin?« will Tim wissen, als ich meine Tasche packe.
»Ich treffe mich mit anderen Stiefmüttern. Um zu reden!«
»Ooooh!« In seinem Kopf arbeitet es. »Wenn du wiederkommst, bist du dann eine Hexe?«
»Ich glaube nicht, Tim.«
Mit Hexerei hat dieses Wochenende auch nichts zu tun. Eher mit einer Realität, die bitter ist. Wir sind sieben Stiefmütter zwischen fünfundzwanzig und fünfzig Jahren und stellen zu unserer großen Überraschung fest, wie sehr sich unsere Probleme ähneln. Jede von uns leidet unter dem Gefühl, dem Stiefkind nicht genug Liebe zu geben.
Die sechsundvierzigjährige Jutta, Mutter von fünf Stiefkindern und zwei leiblichen Kindern, formuliert so: »In meinen eigenen Kindern kann ich mich wiederentdecken. Die Stiefkinder blieben mir immer irgendwie fremd.«
Wir reden. Über unseren Anspruch, alles perfekt machen zu wollen, kleine Ärgernisse unter den Teppich zu kehren; positive Gefühle herzuzaubern, die wir nicht haben; zu lächeln, wenn uns nach Heulen ist; liebevoll zu sein; verständnisvoll – eben die Mutter aus dem Märchenbuch.

»Es war einmal eine alte Geiß, die hatte sieben junge Geißlein und hatte sie so lieb, wie nur eine Mutter ihre Kinder lieb hat.«

Wir reden. Bis nachts um vier. Über unsere geheime Wut; unseren unterdrückten Ärger, den wir uns nicht zu zeigen trauen; unsere Eifersucht auf die »echten« Mütter; unsere Angst, vom Partner, von Freunden, Nachbarn und Bekannten als die böse Stiefmutter angesehen zu werden. Über unsere tiefsitzende Furcht, letztlich doch zu scheitern.
Wir reden. Auch den ganzen nächsten Tag. Mit einem Familientherapeuten aus Holland. Dort gibt es bereits Stief-Elterngruppen, spezielle Beratungszentren, konkrete Hilfestellungen – und stets die gleichen Probleme, bedingt durch die äußerst schwierige Rolle: »Es ist nicht Ihr persönliches Versagen. Die Situation ist furchtbar schwierig, aber sie läßt sich meistern. Wenn Sie ehrlich sind. Auch Stiefmütter dür-

fen unvollkommen sein. Auch Stiefmütter dürfen ›nein‹ sagen. Auch Stiefmütter haben das Recht und die Pflicht, ein eigenes Leben zu führen.«

Montagmorgen

Ich rufe beim Arzt an und frage, wo und wie ich die Kur beantragen kann.

Anfang März '87

»Tim, ich komme doch wieder.«
»Nein.«
»Ich komme bestimmt wieder. In vier Wochen.«
»Dann brauchst du überhaupt gar nicht wiederzukommen. Nie mehr. Dann laß ich dich nicht mehr herein. Dann hänge ich ein Schloß vor die Tür, dann...«
»Tim, hör mir doch bitte zu.«
»Nein, nein, nein!« Er verschwindet unter seinem Bett. Nach einer Weile sehe ich nach ihm. Regungslos sitzt er dort, seinen Teddy Mecki fest umklammert. Starrt ins Leere.
Nur das nicht! Ich greife zum roten Telefon, rufe Frau Hain an: »Ich habe Tim von der Kur erzählt. Jetzt verkriecht er sich schon seit einer Stunde unter seinem Bett. Ich kann ihn mal wieder überhaupt nicht erreichen.«
»Das ist doch bei seiner Vorgeschichte völlig normal.« Gibt es eigentlich irgend etwas in dieser Welt, was diese Frau nicht völlig normal findet?
»Schließen Sie mit ihm einen Vertrag ab. Schriftlich. Verpflichten Sie sich, wiederzukommen. Schriftlich. Geben Sie ihm ein Pfand. Etwas, von dem er weiß, daß Sie daran hängen, es brauchen.«
»Zum Notar muß ich aber damit nicht, oder?« frage ich ziemlich genervt.
Zum Notar nicht. Aber als wir das Papier endlich fertiggestellt haben, besteht der Junge darauf, es mit zu Frau Hain zu nehmen. Zum Unterschreiben. Auch Axel muß seinen Namen daruntersetzen. Am liebsten würde er auch noch seine Lehrerin darum bitten.

Als Pfand will das schlaue Kerlchen meinen Firmenausweis: »Weil, ohne deinen Ausweis lassen sie dich nicht wieder rein. Und dann kriegste kein Geld mehr und mußt verhungern.« Ich gebe ihm außerdem seinen kleinen Trommler zurück: »Du weißt ja, wenn du traurig bist, laß ihn trommeln.«
Verabschieden will er sich nicht von mir. Ich weiß inzwischen, er kann es nicht!

Ich genieße die Kur. Vom ersten bis zum letzten Tag. Genieße das Alleinsein. Erhebe nur schwache Einwände, als sie von vier auf sechs Wochen verlängert wird, und lasse mich gern von der medizinischen Notwendigkeit überzeugen.
Ich habe Zeit: zum Schlafen, zum Spazierengehen, zum Lesen und zum Nachdenken. Je mehr Zeit vergeht, desto unsicherer werde ich. Axel spürt das genau.
»Kommst du zurück?« will er am Telefon wissen.
»Klar«, antworte ich.
»Willst du auch wirklich zurückkommen?« fragt er.
»Ich weiß es nicht«, sage ich kleinlaut nach einer längeren Pause.

April '87

Nach einem Monat besuchen Axel und Tim mich für ein Wochenende. Tim fällt mir regelrecht um den Hals, weicht nicht mehr von meiner Seite. Beim Spazierengehen krallt er sich in dem Kleid fest, das ich den beiden zu Ehren angezogen habe. Mir wird klar, was es bedeutet, jemandem am Rockzipfel zu hängen oder vielmehr, hängen zu haben! Axel und ich gehen vorsichtig miteinander um. Freundlich, aber sehr distanziert. Wir sind unsicher und froh, daß Tim zwischen uns ist. Ob der bereits wieder etwas von unseren Spannungen spürt? Er redet wie ein Wasserfall, läßt uns überhaupt keine Chance zu ernsthaften Gesprächen.
Bevor sie wieder abfahren, drückt Tim mir den Trommler in die Hand. »Hab ich dir mitgebracht. Wenn du traurig bist.« Ich bin traurig. Aber anders, als Tim meint. Was will ich wirklich? Was erwarte ich von meiner unmittelbaren Zu-

kunft? Wie sehen meine Pläne aus? Will ich zurück? Zu einem Leben mit Axel und Tim? Kann ich mit ihnen leben und gleichzeitig auch für mich und meine Bedürfnisse sorgen?
Eines Nachmittags sitzen die beiden Täubchen vor mir. »Nein«, sage ich. »Ihr habt hier nichts zu suchen. Nicht hier. Haut ab.« Am liebsten würde ich einen dicken Stein nach ihnen werfen. Verschreckt ziehen sie sich zurück, bleiben für den Rest der Zeit in respektvoller Entfernung. Aber in Sichtweite.
Die sechs Wochen sind schnell vorüber. Viel zu schnell, denke ich, als Axel mich Anfang Mai wieder abholt.

Mai '87

Axel setzt mich zu Hause ab und fährt gleich weiter ins Verlagshaus. Ich mache mich auf den Weg zur Kindertagesstätte, um Tim zu überraschen.
»Schön, daß Sie wieder da sind«, sagt seine Erzieherin. Tim schaut noch nicht einmal hoch. »Hallo Tim. Wie geht's?«
»Tach!« Ansonsten keine Reaktion.
»Was machst du denn da?«
Zum ersten Mal sieht er mich an: »Ich bastele. Ein Geschenk für meine Mama. Am Sonntag ist nämlich Muttertag.«
»Ach so«, sage ich leise und kann nur mühsam meine Tränen unterdrücken. Was habe ich erwartet?

»Und die böse Stiefmutter sprach: ›Wir gehen in den Wald und hauen Holz, und abends, wenn wir fertig sind, kommen wir und holen euch.‹ Und der Abend verging, aber niemand kam zu den armen Kindern.«

»Tim, was ist los?« frage ich ihn auf dem Rückweg.
»Nichts. Ich zieh jetzt bald zu Thea. Zu meiner Mama.«
»Tim, ich glaube, da täuschst du dich.«
»Tu ich nicht. Du wirst schon sehen.«
Ende des Gesprächs. Meinen Vorschlag, beim Bäcker Kuchen zu kaufen, lehnt er ab: »Will keinen Kuchen.« Und: »Ich bleib gleich draußen. Ich hab keine Lust, mit reinzukommen.« Ich versuche es mit dem ältesten Trick der Welt: »Ich habe dir aber etwas mitgebracht.« Der Sechsjährige

zuckt mit den Schultern und läßt mich stehen. Ich sitze allein zwischen meinen Koffern. Denke darüber nach, einfach ein Taxi zu rufen – und? Ja, was dann? Jetzt kann ich meine Tränen nicht länger zurückhalten. Was will ich hier eigentlich?
Auf einmal steht Tim in der Tür: »Du hast mir doch was mitgebracht?« Er packt ein knallrotes Rennauto aus: »O toll. Danke.« Der kleine Formel-1-Fahrer legt sich auf den Teppich – und los geht's.
Zwischen nervtötenden »Brum-brums« und schrillen »Iijings« sagt der Blondkopf: »Du hast dich nicht dran gehalten.«
»Woran?«
»An unsern Vertrag. Da steht, daß du nach vier Wochen wiederkommst. Und jetzt sind's sechs.«
»Aber Tim, ich habe dir das doch erklärt. Am Telefon, und als ihr mich besucht habt.«
»Trotzdem. Du hast dich nicht dran gehalten.«

»›Wenn wir fertig sind, kommen wir und holen euch ab.‹ Und der Abend verging, aber niemand kam zu den armen Kindern.«

Und das läßt er mich spüren.

Frau Hain wertet seine Reaktion als echten Fortschritt. Endlich habe er es gewagt, seine Verlustängste offen zuzugeben! Ich kann ihre Euphorie in dem Punkt wirklich nicht teilen.
Dabei ist das erst der Anfang. In den nächsten Wochen macht Tim uns die Hölle heiß: »Ich habe jetzt so lange bei euch gewohnt. Ich will jetzt mal zu Josef und Thea ziehen.«
Mit einer Engelsgeduld wiederholt Axel: »Tim, solange du bei Frau Rode in die Klasse gehst, wohnst du bei uns. Später können wir überlegen, ob du mal eine Weile bei Thea bleibst.«
»Ich will aber jetzt.«
»Nein.«
»Ich will aber.«
Tim gibt nicht auf, und Axel ändert seinen Standardsatz um

keine Silbe. Wir bekommen die geballte Wut des Kleinen zu spüren. Eine Zeitlang fürchte ich, er könnte sich bei Nacht und Nebel allein auf den Weg zu seiner Mutter machen.
Die reagiert entsetzt, als Axel mit ihr darüber spricht. Zwar habe Tim hin und wieder den Wunsch geäußert, mal bei ihr zu leben, aber doch nie so konkret. Außerdem stecke sie gerade in einer »schwierigen persönlichen Situation«, und Tim sei doch bei uns viel besser aufgehoben. Ihre schwierige persönliche Situation begreifen wir erst später: Die Trennung von Josef!

Mai/Juni '87

Ich liebe Axel. Aber möchte ich mit ihm leben? Ich mag Tim. Und mag ihn wieder nicht. Manchmal habe ich ihn richtig lieb. Reicht das? Für eine gemeinsame Zukunft?
Sanft aber stetig hilft Frau Hain mir, meiner Angst vor Bindungen auf den Grund zu gehen. Ich fange an, in meiner Kindheit zu graben, und stoße auf Zusammenhänge, die mich überraschen: »Sie sind nicht mehr das kleine Mädchen von damals. Wenn Sie heute verlassen werden, können Sie damit leben. Sie sind niemandem mehr ausgeliefert. Geben Sie den Kindheitserfahrungen nicht länger die Macht, Ihre Entscheidungen als Erwachsene zu beeinflussen.«
So, wie ich auch Thea zuviel Macht über mich eingeräumt habe?
Weitaus weniger sanft meldet sich Axel zu Wort: »Ich liebe dich. Ich möchte mit dir zusammenleben. Aber ich brauche eine eindeutige Entscheidung. Wenn du meinst, du willst es nicht, dann müssen wir uns trennen. Ich komme mit Tim auch allein zurecht.«
Das sind völlig neue Töne. Zunächst überraschen sie mich, verletzen, aber dann spüre ich Erleichterung. Keine Frage, Axel entwickelt privat das gleiche Selbstbewußtsein, das ich an ihm im Beruf so bewundere. Er beginnt, sich zu behaupten. Auch Tim gegenüber. Mein Liebster schwingt sich zu ungeahnten Höhen auf.
Ich jammere ihm vor, daß Tim neue Hosen und Schuhe braucht und alles wieder, wie üblich, an mir hängenbliebe. Zwei Tage später kommen Vater und Sohn bepackt und

bester Dinge aus der Stadt zurück. Ich staune. Und schlucke.
Während ich zur Kur war, hat Axel eine Putzfrau engagiert. Haushalt und Einkäufe sind jetzt generalstabsmäßig organisiert. Wunder geschehen! Zugegeben, es fällt mir erst mal schwer, meine hausfrauliche Autorität zu teilen.

Juli '87

Per Zufall stolpern wir über unsere Traumwohnung. Sie ist zum Kauf angeboten. Begeistert untersuchen wir jeden Winkel, malen uns verschiedene Umbauten aus, richten sie im Geist ein und phantasieren. Die oder keine!
»Ein Traum«, sagt Axel.
Ich schüttele langsam den Kopf: »Muß es nicht bleiben.«
»Wie meinst du das?«
»Laß uns die Wohnung kaufen. Und vorher heiraten wir.«
Noch nie im Leben hat mich jemand so entgeistert angeguckt.

Zwei Tage später

»Das freut mich. Ich gratuliere Ihnen«, lächelt Frau Hain uns an. Obwohl ich ihre Antwort kennen sollte, frage ich trotzdem: »Überrascht Sie das denn gar nicht?«
»Nein, ich habe so etwas erwartet. Ist doch auch völlig normal. Sie haben es sich ja beide lange und gründlich genug überlegt, wenn Ihnen das auch nicht immer unbedingt bewußt war.«

Ende Juli '87

Unser dreiwöchiger Nordseeurlaub steht vor der Tür. Wir haben entschieden, uns in Husum trauen zu lassen. Ganz heimlich. Niemand soll etwas davon wissen. Nur einer natürlich: Tim: Denn der wird schließlich auch dabeisein.
An einem verregneten Sommertag machen wir uns auf den Weg nach Norden. Axel, Tim, und:
Ich, Lene, im August '87 drei Jahre Stiefmutter und jetzt auch bald Ehefrau?

Das vierte Jahr

August '87

Wir sitzen am Deich. Axel macht den Anfang: »Tim, wir möchten gern einen Vertrag abschließen.« Der Siebenjährige ist sofort eifrig dabei. Zaubert einen abgenagten Bleistiftstummel und einen höchst fragwürdigen Notizblock aus der Tasche: »Ja?« Axel räuspert sich, während ich angestrengt die Möwen beobachte und schwören könnte, daß sich in ihrem Rudel die beiden weißen Täubchen versteckt halten. »Also Tim, das ist mehr ein Vertrag zwischen Lene und mir.«
»Ach so«, das Kind ist enttäuscht, aber dennoch großzügig: »Ich kann euch trotzdem was zum Schreiben leihen.«
»Nein, danke«, melde ich mich zu Wort, immer noch die Möwen begutachtend, »wir reden eher von einem offiziellen Vertrag.«
»Was is'n das?« Himmel noch mal, denke ich, wie sag ich's unserm Kinde, und gebe Axel heimlich einen Stoß.
»Ehevertrag«, murmelt der zwischen den Zähnen.
»Was is'n das?« Der Kleine wirkt eher uninteressiert.
Axel nimmt allen Mut zusammen: »Lene und ich wollen heiraten.« Gespannt warten wir, was nun passiert. Wir haben uns lange überlegt, wie wir es ihm sagen wollen. Als Mitteilung: Lene und ich wollen heiraten! Als Frage: Hast du was dagegen, wenn wir heiraten? – und konnten uns nicht entscheiden. Aber nun ist es endlich heraus.
Doch Tim ist nicht gewillt, unsere Erwartungen zu erfüllen: Wird er weinen? Wird er protestieren? Wird er sich vielleicht sogar freuen? So haben wir gerätselt. Nichts davon. Er sitzt da, setzt sein Pokerface auf und sagt: »Ach so.«
Axel: »Was hältst du denn davon?«
Tim: »Weiß nicht. Ich glaub, ich halt mich da lieber raus.«
Axel: »Aber wie findest du das denn?«
Tim: »Ich finde, das ist eure Entscheidung. Ich geh jetzt mal zu den Möwen.«
Ob er sie erkennt, die beiden Täubchen? Nein, wohl kaum. Nur ich höre ihren Ruf:

»Rucke die guh, Lenes Stiefsohn bist du!«

Eine Warnung? Eine Ermunterung?
Wir beschließen, Tim erst einmal in Ruhe zu lassen, ihm keine weiteren Kommentare abzupressen. Er kommt in den nächsten Tagen nicht auf das Thema zurück.

10. August '87 – Am Morgen

Unterwegs nach Husum zum Standesamt. Das Kind sitzt im Auto und ist unsichtbar. Schweigt. Läßt sich auf kein Gespräch ein. »Weißt du, Tim«, erzähle ich ihm, »wenn in Amerika zwei Menschen heiraten, dann werden die Anwesenden gefragt, ob sie etwas dagegen haben.«
Das macht den kleinen Kerl munter: »Und wie oft hat jemand was dagegen?« fragt er interessiert. Axel verdreht die Augen.
Und: »Dürfen sie dann nie mehr heiraten? Wirklich nie mehr?«
»So genau weiß ich das auch nicht.«
Im Rückspiegel sehe ich, wie es in seinem Kopf arbeitet: »Darf denn jeder was dagegen haben?«
»Ich glaube schon. Ich wollte dir damit nur sagen, wenn du irgendwie ein schlechtes Gefühl im Bauch hast, weil Axel und ich heiraten wollen, kannst du uns das ruhig sagen.«
»Nö.« Und der Siebenjährige verschwindet wieder hinter seiner Glaswand.
Erst im Standesamt meldet er sich erneut zu Wort. Läßt sich von der Beamtin die Abläufe ganz genau erklären und nimmt auf einem der beiden Stühle, die für das Brautpaar reserviert sind, Platz. Die Hausherrin teilt ihm freundlich mit, daß diese Stühle für seine Eltern gedacht seien. Er könne sich doch hinten im Raum hinsetzen. Tim schüttelt energisch den Kopf, »Lieber nicht«, zerrt aus den hinteren Reihen einen Stuhl hervor und schiebt ihn neben den seines Vaters. Die Staatsvertreterin fühlt sich in dem feierlichen Akt durchaus gestört, trägt es aber mit Fassung. Zwei Angestellte sind unsere Trauzeuginnen. Tim rutscht nervös hin und her, beobachtet aufmerksam das Geschehen.
Als wir, nun doch beeindruckt, das Ehedokument unter-

zeichnen wollen, steht Tim sofort an unserer Seite. Schließlich ist er inzwischen ein wahrer Profi im Signieren von Verträgen: »Und wo unterschreibe ich?«
Damit ist die feierliche Stimmung endgültig hin, denn jetzt kann sich keiner mehr ein Lächeln verkneifen. »Da mußt du wohl bis zu deiner eigenen Hochzeit warten«, scherzt Axel. Aber sein Sohn meint es ernst und bietet an: »Na gut, ich kann ja bei den Zeugen mit unterschreiben.« Und wir alle merken, wie wichtig es ihm ist.
»Weißt du was«, sagt die freundliche Dame, »wir machen einfach noch einen Anhang.« Und flugs zaubert sie ein Stück Papier auf ihren Schreibtisch: »Schau mal, da schreiben wir jetzt drauf: 10. August 1987. Die Trauung meiner Eltern habe ich bezeugt und für gut befunden: Tilman Doeren! Und hier mußt du jetzt abzeichnen.«
Tim beißt sich fast die Zunge ab bei dem schwierigen Unterfangen, mit Füller und dazu noch in Sonntagsschrift, fehlerfrei seinen Namen zu buchstabieren. »Meine Güte kann das Kind schön schreiben«, staunen wir, als er uns das Ergebnis präsentiert. »Das ist eine wichtige Urkunde, die wir dem Familienstammbuch beifügen«, erklärt ihm die Beamtin. Tim zeigt sich hoch zufrieden und vergewissert sich: »Sind wir jetzt richtig verheiratet? In echt?«

»Und als die Sonne im Frühjahr den Schnee wieder herabgezogen hatte, nahm sich der Mann eine andere Frau.«

Am Mittag

Noch auf der Straße müssen Axel und ich in uns hineingrinsen, die Worte der Standesbeamtin im Ohr, so eine Hochzeit habe sie noch nie erlebt. Wenig später im Restaurant, am vorbestellten Tisch: Das Kind will nicht die Speisekarte, sondern das Stammbuch sehen. Peinlich genau studiert der Blondschopf Seite für Seite, um schließlich, ohne hochzusehen, zu piepsen: »Und wann scheidet ihr euch wieder?«
Völlig verblüfft starren wir ihn an.
»Aber Tim«, versucht Axel es mit einem kleinen Lachen, »wir haben doch nicht geheiratet, um uns scheiden zu lassen.«

»Habt«, sein Stimmchen zittert leicht, »habt Thea und du denn geheiratet, um euch zu scheiden?«
Es ist das erste Mal, daß Tim von sich aus die Scheidung seiner Eltern anspricht.
Axel bricht der Schweiß aus: »Nein, natürlich nicht.«
»Aber ihr habt euch geschieden.«
»Scheiden lassen«, verbessere ich automatisch.
»Geschieden«, er besteht darauf. »Warum denn?«
»Weil«, quält Axel sich, »wir uns vorher einfach nicht gut genug kannten. Damals haben wir uns schon lieb gehabt und gedacht, es würde klappen...«
»Und dann«, stellt der Kleine ungerührt fest, »war ich auch schon bei Thea im Bauch.« Prüfend sieht er mich an: »Hast du jetzt auch ein Kind im Bauch?«
Ich zucke zusammen und schüttele den Kopf. Er rückt dicht an mich heran und legt seine Hand auf meinen Magen: »Kannste aber ruhig. Ich hätte gern einen Bruder. Na ja, wenn es nicht anders geht, meinetwegen auch eine Schwester.«
Erleichtert wollen wir jetzt zur Speisekarte greifen, aber noch ist er nicht fertig: »Versprecht ihr, daß ihr euch nicht scheidet?« Wir versichern ihm beide, daß wir uns große Mühe geben werden.
»Und wenn ihr es doch tut, dann gehe ich zu keinem von euch. Dann gehe ich ganz weit weg. Mit Ria und werde Fernfahrer.«
Abschließend will er noch wissen: »In Amerika, wenn Leute sich scheiden wollen, Eltern oder so, kann man dann auch sagen, ob man etwas dagegen hat, und dann dürfen die nicht? So wie bei der Hochzeit?«
»Ich glaube, das gibt es nicht, Tim.«
»Schade«, meint er und wendet sich nun endgültig seinem Essen zu.

Am Nachmittag

Wir sitzen im Ferienhaus und verschicken Telegramme, an unsere Familien, Freundinnen und Freunde. Schließlich meldet sich das Kind zu Wort: »Eins haben wir vergessen. Wir müssen Thea noch ein Telegramm schicken.«

»Rucke di guh, rucke di guh, Stiefmutter bist du!«

Axel sieht mich entgeistert an. Natürlich. Thea. Wie konnte ich auch hoffen, an so einem Tag an ihr vorbeizukommen. Schon heute vormittag hatte Tim sie ja sozusagen als vierte Person im Restaurant an unseren Tisch gesetzt. Und jetzt ist sie also auch wieder da. Warum geben Sie dieser Frau soviel Macht – die Worte von Frau Hain. Warum? Vielleicht nimmt sie sich sie auch einfach.
Tim wartet geduldig auf eine Antwort. »Ich glaube nicht«, Axel räuspert sich, »daß Thea etwas mit unserer Hochzeit zu tun hat.«
»Hat sie doch. Thea ist meine Mutter. Und ich finde schon, daß sie was damit zu tun hat. Denn sonst würdet ihr ja jetzt auch nicht heiraten.«
Kinderlogik? Ob es vielleicht auch eine Form von Rache für ihn ist, überlege ich. Ihr jetzt seine »neuen« Eltern per Telegramm vorzuführen? »Tim«, versuche ich es, »vielleicht ist es für Thea aber nicht so eine Freude wie für uns, und eventuell ist sie sogar ein wenig traurig.«
Der Siebenjährige hat sofort erfaßt, was ich meine: »Sie kann ja Josef heiraten.«
Axel wird energisch: »Schluß! Ich habe keine Lust, Thea ein Telegramm zu schicken.« Aber er rechnet nicht mit der Hartnäckigkeit seines Sohnes: »Dann rufe ich sie eben an.«
Axel: »Du rufst sie auch nicht an. Jedenfalls nicht heute.«
Tim wirft ihm einen wütenden Blick zu: »Dann schreibe ich ihr einen Brief. Daß du es weißt.«
»In Ordnung«, mische ich mich ein, »schreib ihr einen Brief.« Wohlwissend, daß der höchstwahrscheinlich doch nicht zustande kommt. So ist es dann auch.

Am Abend

»Wenn du jetzt so heißt wie wir...«, beginnt Tim beim Gute-Nacht-Sagen das Gespräch. Ich unterbreche ihn: »Ich habe aber einen Doppelnamen.«
»Trotzdem, dann kannst du ja manchmal aus Spaß so tun, als wenn du meine Mutter bist.«

»Wie meinst du das?«
»In der Schule und so. Ich finde, das ist doch eher etwas, was uns angeht. Mit dir und mit Thea. Also, jeder muß das ja nicht gleich wissen mit meinen zwei Müttern.«
»Schämst du dich manchmal, daß deine Eltern geschieden sind?«

»Bleibt nur hier, ich will schon allein mit den Riesen fertig werden.«

»Ich meine ja nur, daß das ja auch so wie ein Geheimnis ist, was nur uns angeht. Sonst soll ich auch immer nicht allen alles sagen.«
»Wenn du es gern möchtest, können wir das manchmal so machen. Aber Tim, es ist nicht schlimm, daß deine Eltern geschieden sind. Damit müssen wir uns alle abfinden. Ich bin nun mal deine Stief-Mutter und Thea ist deine Geburts-Mutter.«
Der Zwerg gackert jetzt vergnügt und schon fast am Einschlafen: »Eine Mutter aus'm Bauch und eine Mutter ohne Bauch.«

Flitterwochen zu dritt – ein wenig ist es so. Tim verbringt viel Zeit auf dem benachbarten Bauernhof. Zwar schaut er zwischendurch immer wieder nach, ob wir wirklich noch da sind, aber er läßt uns auch in Ruhe. Beginnt sehr vorsichtig, eigene Wege zu erkunden. Wir machen ausgedehnte Radtouren und Wattwanderungen. Zu dritt, zu zweit, in wechselnden Besetzungen, je nachdem, wer gerade Lust hat. Ein völlig neues Erlebnis! Wir nehmen uns Zeit zum Lesen, Entspannen und Reden. Axel und ich haben viel nachzuholen. Gemeinsam. Aber auch jeder für sich.
Tim hat sich in den Kopf gesetzt, endlich schwimmen zu lernen. Jeden Tag fahren wir ins Hallenbad zu einem Kursus. Zwei Jahre habe ich meine sämtlichen pädagogischen Fähigkeiten erprobt und versucht, dem Kind beizubringen, sich über Wasser zu halten. Erfolglos! Hier lernt er es innerhalb einer Woche. Nach zehn Tagen zittern wir mit ihm um die »Seepferdchen«-Prüfung, nach zwei Wochen ist der Kleine nicht mehr zu halten. Tim schwimmt sich frei – und das wohl nicht nur im Wasser.

Ein Freitagabend, Anfang September '87

»Ihr habt es mir versprochen. Ihr habt's versprochen«, das Kind protestiert lauthals und hört nicht auf zu schluchzen. Gerade haben wir ihm von unserer neuen Wohnung berichtet. Tim will nicht wieder umziehen: »Als wir hier eingezogen sind, habt ihr gesagt, wir bleiben hier wohnen.«
»Aber Tim, die neue Wohnung ist nur zwei Straßen weiter. Du kannst mit den gleichen Kindern spielen, bleibst in der gleichen Klasse. Es ändert sich doch gar nichts.«
»Ich will aber hierbleiben. Ihr habt's versprochen.«
Bloß keine Neuerungen. Mit viel Mühe gelingt es uns schließlich, den halsstarrigen Knaben »Ich will aber nicht. Dann bleib ich alleine hier. Nein, ich will nicht«, davon zu überzeugen, sich die Wohnung wenigstens einmal anzuschauen. Am Sonntagabend, nachdem er bei Thea war.

Sonntag

»Thea ist auch umgezogen«, mit diesen Worten kehrt Tim zurück. »Josef ist jetzt nämlich in Amerika. Für ganz schön lange. Da war Thea sein Haus zu groß. Jetzt hat sie eine ganz tolle Wohnung.«
»Und was ist daran so toll?« frage ich und verfluche sie im stillen. Warum kann sie ihm nicht offen sagen, daß sie sich getrennt haben? Irgendwann wird er es doch herausfinden.
»Die Terrasse ist ganz toll. Die ist größer als die ganze Wohnung. Ganz allein für Ria. Die hat jetzt richtig viel Platz.«
»Und du? Hast du auch Platz?«
Tim spielt mit den Blumen, die auf dem Tisch stehen, und köpft versehentlich gleich zwei.
»Ich schlafe auf der Couch im Wohnzimmer. Weil, wichtig war ja erst mal, daß Thea eine passende Wohnung für Ria findet. Und ich bin ja auch«, seine Stimme wird dünner, »nur so zu Besuch da. Und Ria lebt ja richtig bei Thea.«
»Hat Thea dir das so erklärt?« Tim spürt sofort meine nur mühsam beherrschte Wut.
»Also, ich finde das toll. Weil, ich schlafe gerne auf der Couch. Ist auch eine richtige Schlafcouch.«

»Es war einmal eine alte Geiß, die hatte sieben junge Geißlein und hatte sie so lieb, wie nur eine Mutter ihre Kinder lieb hat.«

Tim ist von unserer neuen Wohnung begeistert: »Oh, toll. Die ist ja fast doppelt so groß wie unsere alte. Und zwei Zimmer mehr. Und die Terrasse ist noch größer als Theas. Was machen wir denn mit dem ganzen Platz?«
»Also: ein Zimmer für dich, eins für Axel, eins für mich. Dann haben Axel und ich noch ein gemeinsames Schlafzimmer und das Wohnzimmer ist für uns alle.«
»Schade.« Ich ahne, was ihm durch den Kopf geistert.
»Warum schade?«
»Weil ich dachte«, und seine Stimme wird immer leiser, »wenn wir schon soviel Platz haben, könnten doch vielleicht Thea und Ria bei uns wohnen.«
Bevor wir etwas erwidern können, fügt er schnell hinzu: »Nur, bis Josef aus Amerika wiederkommt.«
Axel zieht seinen Sohn, soweit das auf dem Fußboden möglich ist, auf seinen Schoß: »Nein, Tim, das geht nicht. Auch nicht für eine kurze Zeit. Du weißt doch noch, wie oft ich mich früher mit Thea gestritten habe. Heute wäre das nicht anders.«
»Thea und ich hätten bestimmt auch viel Streit«, füge ich hinzu. Tim zieht seine Nase kraus, denkt heftig nach: »Ja. Ich glaube, ihr könnt euch nicht leiden. Oder?« Diesmal bricht mir der Schweiß aus. Soll ich ihm sagen, daß ich seine Mutter manchmal hasse – und in diesem Moment ganz besonders?
Das Kind denkt laut nach: »Wenn ich zu Thea fahre, bist du immer irgendwie wütend. Wenn ich Thea von dir erzähle, guckt sie immer so komisch und sagt nichts dazu. Ihr mögt euch eben nicht. Aber ich mag ja Peter auch nicht. Und Florian schon gar nicht.« Peter und Florian – seine Lieblingsfeinde aus dem Hort. Steht es so schlimm um Thea und mich?
Tims präzise Beobachtungen machen mich sprachlos. Ich habe mir doch stets solche Mühe gegeben, meine dunklen Gedanken über seine Mutter in seiner Gegenwart nicht zur

Sprache zu bringen. Frau Hain hat bei ihm gute Arbeit geleistet. Axel grinst vor sich hin. Klar, er ist ja auch nicht betroffen.
Der kleine Analytiker erwärmt sich sichtbar am Thema: »Vielleicht seid ihr ja auch nur neidisch. Du bist neidisch, wenn ich bei Thea bin. Und Thea ist es, wenn ich hier bin. Ich glaube, ihr seid bestimmt aufeinander neidisch.«
Wie recht du hast, trotz deines Sprachgewirrs, sinniere ich und sage laut: »Das richtige Wort ist eifersüchtig. Ja, das stimmt wohl. Manchmal bin ich wirklich eifersüchtig.«
Und die beiden Täubchen lassen sich häuslich auf unserer Terrasse nieder:

»Rucke di guh, rucke di guh, Stiefmutter bist du!«

Zwei Wochen später – Sonntag abend

Axel ist in der Firma, ich putze vor der Tür mein Fahrrad. Aus den Augenwinkeln sehe ich, wie Theas Auto anrollt. Sie parkt ein. Mutter und Sohn steigen aus. Thea und ich haben noch nie mehr als nur ein »Guten Tag« – »Auf Wiedersehen« ausgetauscht. Tim stürzt auf mich zu: »Hallo, Lene. Ich hole auch mein Rad und putze es.«
Langsam kommt Thea näher. Mein Herz schlägt bis zum Hals. Was will sie bloß?
»Hallo«, sagt sie, »ich wollte Ihnen noch nachträglich gratulieren. Zur Hochzeit.«
»O danke. Das ist nett«, finde ich wirklich. War's das?
Tim kommt inzwischen mit seinem Rad angeschoben und stellt befriedigt fest: »Ach, ihr redet ja.« Er greift nach einem Lappen, um dann zu verkünden: »Ich fahr erst mal 'ne Runde. Dann könnt ihr weiterreden.«
Wie rücksichtsvoll! Jetzt sind wir ganz allein.
Thea räuspert sich: »Tim hat erzählt, daß Sie sich am nächsten Sonntag kirchlich trauen lassen. Er wollte gern, daß ich mit ihm ein Geschenk bastele für Sie...« Rache ist süß, das Kind holt zum Gegenschlag aus. Frau Hain würde jubeln.
»... wir hatten dann eine ziemliche Auseinandersetzung, als ich das ablehnte.«
Kann ich mir lebhaft vorstellen und muß lachen: »Manch-

mal ist er ja ganz schön abgebrüht!« Erleichtert stimmt Thea in mein Lachen ein. In diesem Augenblick kommt der Blondschopf um die Ecke gefegt, wirft uns einen kurzen Blick zu und schreit: »Große Rallye. Zweite Runde!« Weg ist er. Das Fahrradputzen habe ich inzwischen aufgegeben. Wir lehnen beide an der Gartenmauer.
»Ich finde es mutig, daß Sie geheiratet haben«, meint Thea, »ich glaube, ich hab mit Männern kein Glück und bleibe wohl besser allein.« Und mit Blick auf Tim, der gerade lauthals seine »Große Rallye. Dritte Runde« ankündigt, fügt sie hinzu: »Ganz allein.«
»Sie sind seine Mutter und werden es immer bleiben.«
»Schon. Aber Sie sind inzwischen seine Eltern. Auch mir gegenüber redet Tim von ›meinen Eltern‹ und meint Sie und Axel. Aber gut. Ich habe es ja auch so gewollt. Vielleicht...«, sie zögert, und Tim startet mit hochrotem Kopf Runde Nummer vier, »vielleicht sind Sie ja auch wirklich die bessere Mutter.«
Wir schweigen. Ich schlucke, denke an Frau Hain: Warum geben Sie dieser Frau soviel Macht? Zum ersten Mal spüre ich, daß auch Thea verletzlich ist. Bekomme eine Ahnung, wie einsam und unsicher sie sein könnte. Für einen Augenblick fühle ich mich ihr sehr nah.
Himmel sei Dank biegt Tim gerade wieder ums Haus: »Nun mach mal langsam«, rufe ich ihm zu. »Runde fünf«, schreit er, »ich werde siegen!« Ja, Tim, es sieht so aus, als wenn du tatsächlich noch siegen wirst. Laut sage ich: »Tim hängt wirklich sehr an Ihnen. Und hat auch oft Heimweh.«
»Wenn er bei mir ist, hat er Heimweh nach Ihnen. Ob es nicht besser für ihn ist, ich ziehe ganz weg?«
Und ein atemloses, aber strahlendes Kind startet gerade zu Runde Nummer sechs. Fröhlich winkt er uns zu. Seinen beiden Müttern. Endlich vereint.
O ja, Thea, schießt es mir durch den Kopf, geh weg, weit weg, laß uns endlich in Frieden!
In der anbrechenden Dämmerung sehe ich die beiden Täubchen, die sich gurrend an uns heranpirschen:

»Rucke di guh, Stiefmutter bist du!«

Schon gut, ihr zwei. Ich weiß es selbst. Es mag mein Frieden sein und Axels. Möglicherweise sogar Theas. Aber niemals der von Tim.
Ich atme tief durch und sehe ihr in die Augen: »Für Tim ist es von großer Bedeutung, daß Sie in seiner Nähe sind. Er braucht Sie. Es würde ihm regelrecht das Herz brechen, wenn Sie weggingen. Sie sind seine Mutter. Niemand kann Sie ersetzen. Auch ich nicht!«
Die Worte fallen mir schwer. Und plötzlich möchte ich unbedingt ein eigenes Kind haben. Das Bedürfnis wird für ein paar Sekunden so übermächtig, daß es fast schmerzt. Und ich füge hinzu: »Bei Ihnen war er im Bauch.« Thea lächelt: »Ja, das ist ihm wichtig. Sie könnten recht haben. Vielleicht sollte ich doch mal mit Frau Hain sprechen.«
»Tun Sie das«, ermuntere ich sie und begleite sie zu ihrem Auto. Ein völlig atemloser und total durchgeschwitzter Rallyefahrer bremst vor unseren Füßen: »Runde zwölf«, stammelt er. Gemeinsam sehen wir Theas Rücklichtern nach: »Das war toll«, stößt er hervor.
Ach, Tim, war's das wirklich?

Meine Freundinnen fassen sich an den Kopf. Kaum haben sie es mühsam verdaut, daß auch ich nun zu den Abtrünnigen zähle und mein Schiff im Ehehafen vertäut habe, da naht schon der nächste Schock: »Du willst kirchlich heiraten?« Sie werfen sich bedeutsame Blicke zu. Und sind nicht die einzigen.
Meine Mutter jubelt – zunächst. Bis ich richtigstelle: »Mutter, es gibt keine weiße Hochzeit. Kein Brautkleid. Und selbstverständlich keinen Schleier.« Mit sämtlichen verfügbaren Tanten startet sie sofort einen endlosen Telefonterror in dem Bemühen, mich umzustimmen: »Tu es doch deiner Mutter zuliebe. Es ist ihr Herzenswunsch!«
»Wie kannst du uns das antun«, ist die Reaktion von Axels streng katholischen Eltern. Sie haben ihrem Sohn nie verziehen, daß seine erste Ehe ohne kirchlichen Segen blieb. Und jetzt, beim zweiten Versuch, hat er sich nun ausgerechnet für eine Protestantische entschieden. Ökumenische Hochzeit, grummelt Doeren senior verbiestert. Er habe noch nie einen Fuß in eine evangelische Kirche gesetzt...

Ähnlich wie mein Vater. Der überhaupt keinen Fuß in irgendeine Kirche setzt, doch wenn schon, denn schon: »Zur Kirche gehört einfach ein weißes Kleid, Kind.« Ordnung muß sein!
Tim legt uns eine umfangreiche Liste vor: Seine Lehrerin, seine Horterzieherinnen, Frau Hain – alle sollen sie dabeisein. An Kindern will er allerdings nur seinen besten Freund einladen: »Muß ja nicht jeder wissen, daß ihr jetzt erst heiratet.«
Unseren beiden Geistlichen – einem fünfundsiebzigjährigen Jesuitenpater und unserem gemeinsamen Freund Johannes, der evangelischer Pastor ist – präsentieren wir einen bestens vorbereiteten Traugottesdienst. Texte, Lieder und Abläufe haben wir selbst ausgesucht. Dazu eine junge Kirchenband engagiert. Bei ein, zwei, drei Flaschen Wein besprechen wir alles übrige. Schließlich überzeugen wir die beiden auch noch davon, daß wir nicht mit dem Rücken zur Gemeinde sitzen wollen, sondern neben dem Altar. Tim hinter uns.
Unsere Trauung wird eine gute Stunde dauern. Anschließend planen wir noch einen kurzen Empfang mit Büfett. »Alles höchst ungewöhnlich«, murmelt es allseits hinter unseren Rücken. Wohl wahr!

15. September '87 – Morgens

Der große Tag ist da. Axel und ich sind in aller Frühe beim Frühstück, als plötzlich Tim, den wir noch im Bett vermuten, in der Wohnungstür steht: »Wo kommst du denn her?«
Aufgeregt grinst er uns an, in der Hand eine große Rolle Tesafilm: »Ich hab die Plakate aufgehängt.«
»Welche Plakate?«
Eins hat er noch übrig. Begeistert rollt er den Rest einer noch gestern intakten Tapetenrolle auf: »Das waren siebenundfünfzig deutsche Mark«, stöhnt Axel.
»Worauf sollte ich denn sonst malen?« verlangt das Kind vorwurfsvoll zu wissen und breitet sein Kunstwerk aus. Zwischen vielen bunten Herzen ist in krakeliger Schrift zu lesen: »Heute große Hochzeit bei Tim, Lene, Axel.«
»Auf manche hab ich auch geschrieben: ›Große Hochzeit

bei Doeren-Horn‹«, versichert der Junge schnell. »Wieviel?« will sein Vater wissen.
Tim zählt auf: »Eins beim Bäcker, eins beim Schlachter. Am Supermarkt zwei. Dann natürlich an der Kirchentür, beim Blumenladen und ein paar hier so in der Gegend. Vielleicht sechs oder so ...«
»Wann hast du die gemalt?« Der Ton seines Vaters paßt dem Kleinen überhaupt nicht: »Eben vorhin.«
»Wann vorhin?«
»Natürlich bevor ich sie aufgehängt habe.« Axel holt tief Luft, und ich gehe schnell dazwischen: »Eingeladen hast du aber niemanden mehr oder?«
»Nö. Ich wollt eben nur, daß alle Bescheid wissen.« Treuherzig schaut er uns an. »Schließlich heiraten wir ja heute.«

Mittags

Wir ziehen in die Kirche ein. Eigentlich sollte Tim mit Neffen und Nichten hinter uns gehen. In letzter Minute überlegt er es sich anders und drückt sich in unsere Mitte. Wir fassen ihn an die Hand.
Die Kinder verteilen Blumen. Mit hochrotem Kopf überwacht Tim die Aktion. Macht deutlich, wer hier die Hauptperson ist.
Gleich nach dem Eingangslied »Oh when the saints« – ich setze den hochgezogenen Augenbrauen von Axels Eltern mein sonnigstes Lächeln entgegen – teilt Johannes der überraschten Gemeinde und uns noch überraschteren Eltern mit: »Tim möchte seinen Eltern gern ein Geschenk machen und ein Lied singen.«
Ich traue meinen Augen und Ohren kaum. Da steht der kleine Kerl, ganz allein, mitten vor dem Altar und fängt tatsächlich an zu singen: »Du hast uns Deine Welt geschenkt, den Himmel, die Erde. Du hast uns Deine Welt geschenkt, Herr wir danken Dir!« Die Band begleitet ihn leise und einer der Musiker reicht ihm ein Mikro. Das nimmt er gern entgegen und strahlt neun Strophen lang aus sämtlichen Knopflöchern.
Wohl selten hat die ehrwürdige Stadtkirche einen derartig großen Applaus gehört.

»Hier ist mein Geheimnis. Es ist ganz einfach: Man sieht nur mit dem Herzen gut, das Wesentliche ist für die Augen unsichtbar.«

»Der kleine Prinz« steht im Mittelpunkt der Predigt unseres Jesuitenpaters, die er mit den Worten schließt:

»›Die Zeit, die ich für meine Rose verloren habe, macht meine Rose so wichtig‹, sagt der Prinz nochmals, um es sich zu merken. ›Die Menschen haben diese Wahrheit vergessen‹, sagt der Fuchs, ›aber du darfst sie nicht vergessen, du bist zeitlebens für das verantwortlich, was du dir vertraut gemacht hast, du bist für deine Rose verantwortlich.‹
Wiederholen Sie es immer wieder, wie der kleine Prinz es tut: ›Wir sind zeitlebens füreinander verantwortlich.‹ Weil Sie sich gegenseitig vertraut gemacht haben, weil Sie sich einander anvertraut haben. Amen!«

Zwei kleine Hände schieben sich bei den letzten Worten zwischen uns: Ja, wir haben uns gegenseitig vertraut gemacht.

Gerührt wird uns anschließend von allen Seiten verziehen: mein langer bunter Rock von meiner Mutter, die evangelische Kirche von Axels Eltern und die gesamte Trauung von meinen Freundinnen.
Ich bin sehr glücklich, Axel ist es auch. Aber geradezu übersprudelnd benimmt sich Tim. Er rast von einem zum anderen, um sich immer wieder zu vergewissern: »Wir haben doch 'ne schöne Hochzeit, nech?« Und niemand widerspricht ihm.
Auf dem Weg nach Hause sagt Axel: »Schau mal, die beiden weißen Täubchen dort drüben. Ob sie uns wohl Glück bringen?«
Ja, denke ich. Das werden sie wohl, weil wir uns einander anvertraut haben. Wir drei!

»Da hatten alle Sorgen ein Ende, und sie lebten froh und zufrieden zusammen.«

Mit dem Tag unserer Trauung und diesem Glücksgefühl im Bauch bin ich davon überzeugt, es nun endgültig geschafft zu haben: Jetzt sind wir eine ganz gewöhnliche Familie!
Das teile ich auch meinen zwei gefiederten Weggefährten mit, als sie es sich das nächste Mal auf meiner Fensterbank bequem machen wollen: Ich brauche euch nicht mehr, ich hab's geschafft! Aber die gurren nur leise, lassen sich nicht vertreiben. Und den warnenden Ruf will ich nicht hören:

»Rucke di guh, rucke di guh, Stiefmutter bist du.«

Natürlich habe ich inzwischen gelernt, daß ich nicht Tims Mutter sein kann. Ich akzeptiere es – im Kopf. Aber meine Gefühle sagen etwas ganz anderes.
Nach dem Gespräch mit Thea sehe ich eine neue Ära für uns anbrechen. Vielleicht, so meine heimlichen Phantasien, gelingt es uns ja doch, eine normale Beziehung zueinander aufzubauen. Eventuell sogar eine Freundschaft. Wieso nicht?
Und wieder einmal strotze ich geradezu vor Energie. Wir renovieren unsere neue Wohnung, organisieren den Umzug. Gleichzeitig rufe ich mit einer anderen Schicksalsgenossin eine Stiefmüttergruppe ins Leben. Wir treffen uns jetzt regelmäßig mit fünf bis acht Frauen zum Erfahrungsaustausch.
Ich mische mich auch in Tims Schule ein. Bereite die Weihnachtsfeier mit vor, mache zur Freude seiner Lehrerin hin und wieder Unterrichtsbesuche und werde prompt von ihr mit einem Lob belohnt:
»Das hätte ich nicht gedacht. Sie tun ja wirklich mehr für das Kind als so manche richtige Mutter.« Das Wort »Scheidungswaise« kommt ihr nie wieder über die Lippen.
Auch Tims und meine Beziehung wird enger. Vertrauter! Mit kleinen Schmusemomenten, gemeinsamen Geheimnissen und vielen Ausflügen: ins Kindertheater, ins Kino, auf den Spielplatz, zum Schwimmen und so fort.

Daß Tim und ich in Zyklen miteinander umgehen, will – und kann – ich wohl zunächst auch nicht bemerken. Regelmäßig an dem Tag, bevor er zu Thea fährt und noch zwei, drei Tage hinterher, erleidet unsere Intimität einen Bruch. Ohne uns dessen bewußt zu sein, schaffen wir durch kleine oder große Streitigkeiten eine Distanz. Den nötigen Abstand, um einander gehenlassen zu können.
So kommt es mir erst mal fast entgegen, daß Thea bereits kurze Zeit nach unserer Hochzeit wieder damit beginnt, Verabredungen nicht einzuhalten. Ich verdoppele meine Anstrengungen, sie zu ersetzen, ja überflüssig zu machen. Doch Tim holt mich, wie immer, wieder auf den Boden der Tatsachen zurück.

»Hören Sie auf, den Vermittler zwischen Ihrer geschiedenen Frau und Ihrem Sohn zu spielen«, ermahnt Frau Hain Axel. »Thea muß lernen, direkt mit Tim zu verhandeln. Sonst wird das Kind immer Sie für alle geplatzten Termine verantwortlich machen.«
Und Thea lernt schnell. Aber das Geheimnis des kleinen Prinzen löst sie dabei nicht. Das Wesentliche nimmt sie nicht wahr, denn sie schaut mit den Augen und nicht mit dem Herzen.

Anfang '88

Tims einstige Befürchtungen, seine Mutter könnte am Freitag abend anrufen und das geplante Wochenende absagen, werden jetzt wahr. Seine Versuche, sich dagegen zu wehren, sind erfolglos: Benjamin Blümchen mag noch so laut aus Tims Zimmer tröten, das Telefon klingelt erbarmungslos, bis jemand den Hörer abnimmt. Auch Tims Strategie, so lange wie möglich draußen zu bleiben, funktioniert nicht. Thea ruft dann eben später an.
Was sie damit bei Tim auslöst, ahnt sie wohl auch gar nicht. Ihr Sohn verrät ihr seine Empfindungen mit keinem Wort. Er überschüttet sie jedesmal mit einem heftigen Wortschwall am Telefon. In der Hoffnung, sie möge den Grund ihres Anrufes vergessen. Doch das passiert nie.
»Ja«, höre ich dann, wenn sie ihm erklärt, daß sie leider

keine Zeit für ihn hat. Und »schade«. Seine Stimme ist dabei völlig emotionslos, wie aus Glas. Zum Abschluß verspricht sie ihm ein neues Siku-Auto, eine Kassette, ein Lego-Modell. Sozusagen als Ausfallhonorar.
»Ja«, sagt er, »schön, ich freu mich drauf. Ich hab dich auch lieb. Tschüs.«
Legt den Hörer auf, geht in sein Zimmer – und hinter die Wand. Nur Teddy Mecki begleitet ihn nach wie vor bei diesen Reisen in eine andere Welt. Erst nach einer Zeit kann er weinen, manchmal auch jammern: »Es ist so gemein.«
»Ja, Tim«, versuche ich, ihn in die Realität zurückzuholen. »Es ist gemein. Nur, du mußt Thea auch zeigen, daß du traurig bist oder enttäuscht, vielleicht sogar wütend. Woher soll sie es wissen, wenn du es ihr nicht sagst?«

»Hier ist mein Geheimnis. Es ist ganz einfach: ›Man sieht nur mit dem Herzen gut, das Wesentliche ist für die Augen unsichtbar.‹«

Aber in diesen Momenten läßt sich Tim nicht von mir trösten oder in den Arm nehmen. Ich bin nicht seine Mutter. Wenn es mich nicht gäbe, würde er immer noch mit Mama und Papa, die jetzt Thea und Axel für ihn heißen, nach Griechenland fahren. Eine richtige Familie sein. So, wie wir es nie schaffen werden?

»Rucke di guh, Stiefmutter bist du.«

Aber fast noch schlimmer sind die Wochenenden, die er tatsächlich bei ihr verbringt. Alles, was seine Mutter unternimmt, versieht der Junge mit einem Heiligenschein. Schenkt sie ihm einen Pullover, trägt er ihn am liebsten Tag und Nacht; einen Stoffhasen, den er von ihr bekommt, nimmt er sogar mit in die Schule, jede Postkarte wird an die Wand geheftet, neben das große Foto von Ria und die vielen Hundeplakate.
Jede bei Thea verbrachte Stunde ist »toll«. Natürlich! Tim darf bei ihr fernsehen, was und so lange er möchte; er bekommt sein Lieblingsessen; muß nicht unter die Dusche; wird mit keinerlei Ermahnungen wegen der Schularbeiten belästigt.

Thea interpretiert das anders: »Wir haben ein besonderes Vertrauensverhältnis«, meint sie, als er sie nach einem Wochenende nicht gehen lassen will. Seine Abschiede von ihr fallen zunehmend so aus, als könne es jeweils der letzte sein. Sie lächelt mich an, während Tim seinen Kopf gegen ihren Bauch drückt: »Ja, es gibt wohl doch ein besonderes Band zwischen Mutter und Kind, das andere einfach nicht haben können. Sie ahnen ja gar nicht, was für ein Vertrauen Tim zu mir hat. Die ganzen Geheimnisse, die er mir anvertraut.«
Ich könnte sie erwürgen.
Und Tim ist wieder drei Jahre alt, hängt an ihrem Bauch und brabbelt: »Mama. Meine Mama.« Die Tür fällt hinter ihr ins Schloß, und der Knabe wechselt problemlos die Mutterbäuche. Versucht's nun bei mir: »Mama.«
Ich könnte ihn erwürgen.
»Thea sagt, ich bin ihr Goldstück. Bin ich auch dein Goldstück?« kokettiert er. Eher ein Miststück verfluche ich ihn in Gedanken, halte aber meinen Mund.

Frühjahr '88

Während Thea sich dann am Montag morgen wieder ihrem Alltag zuwendet, haben wir mit den Nachwirkungen des Mutter-Wochenendes zu kämpfen. Zweimal ruft mich seine Lehrerin am Montag abend an. Tim sei in der Schule eingeschlafen. Klar, bei Thea kann er sich von der Wohnzimmercouch aus auch noch die Spätfilme angucken. Der Schlafmangel macht sich bemerkbar.
»Und heute« erzählt Frau Rode beim dritten Telefonat, »sollte er an die Tafel kommen. Einen Moment dachte ich schon, er hätte die Hosen voll, aber stellen Sie sich vor: Auf Nachfrage quetscht er mit tiefer Stimme zwischen den Zähnen heraus, er sei Bud Spencer und könne sich gar nicht anders bewegen. Von seinen Sporen hat er auch noch etwas gemurmelt. Alle Kinder bewunderten ihn, daß er den Spät-Western am Sonnabend sehen durfte.«
Frau Hains Ratschlag ist simpel: »Treffen Sie schriftliche Verabredungen mit ihm. Und mit ihr. Wenn die beiden sich nicht daran halten, kann er eben nicht mehr bei ihr übernachten.«

»Und wir sind die Buhmänner«, befürchtet Axel.
»Das wird nicht eintreffen«, beruhigt uns Frau Hain.
Sie behält recht. Denn es kommt zu keinen Abmachungen. Thea verspricht uns, den Fernsehkonsum einzuschränken, aber: »Es ist einfach so gemütlich mit ihm auf der Couch. Er kann so herzhaft lachen. Und ich mag ihm so ungern etwas abschlagen. Ich seh ihn doch auch so selten.«
Uns vergeht das Lachen dafür immer mehr...

Ich will Mutter werden. Ich will ein Kind. Ein eigenes.

Ein Sonntag im April '88

»Na, wie war dein Wochenende? Was macht Ria?« Meine üblichen Fragen. Tim setzt sich auf meinen Schoß und nukkelt heftig an seinem Daumen. Das hat er schon seit Jahren nicht mehr getan. »Ria ist zur Kur«, sagt er mit einem tiefen Seufzer.
»Ria ist was?« Das kann nur ein Hörfehler sein.
»Sie ist auf einer Insel an der Nordsee. Zur Erholung. Bei einer Freundin von Thea, die noch mehr Hunde hat.«
O mein Gott! Laß sie nicht den Hund weggegeben haben.
Laut frage ich ihn: »Wie lange bleibt sie denn dort?«
Tim zuckt mit den Achseln: »Weiß nicht.«
Und schon ist es um seine Beherrschung geschehen. »Ich habe so ein Heimweh nach Ria.« Kaum sind seine Tränen getrocknet, will er ins Bett gehen. Nein, essen möchte er nichts. Als ich später nach ihm sehe, hat er seinen gesamten Stofftierzoo in seinem Bett ausgebreitet. Wie einen Schutzwall. Er ist kaum zu sehen.

Zwei Wochen später – Sonntag abend

Axel öffnet die Tür. Tim marschiert wortlos an ihm vorüber in sein Zimmer. Mich nimmt er überhaupt nicht wahr. Er ist kreidebleich.
»Tim, ist dir nicht gut?« Nein, ihm ist ganz und gar nicht gut. Mit einem Ruck hat er alle Hundeposter von der Wand gefetzt und ist gerade damit beschäftigt, das Foto von Ria zu zerreißen. Axel nimmt ihm die Reste aus der Hand.

»Es war keine Hundeleine mehr da. Gar keine. Alle Sachen von Ria sind weg. Ria ist weg. Sie ist nicht zur Kur. Sie ist ganz weg. In echt! Sie wohnt jetzt an der Nordsee.«
Tims Stimme ist völlig teilnahmslos. Keine Spur von Tränen oder Zittrigkeit. Ratlos schauen Axel und ich uns an, während das Kind weiterredet. Wie ein Roboter, der sein Programm abspult: »Thea sagt, es ist besser so. Weil, sie hatte nicht genügend Zeit für ihn. Und schließlich braucht ein Hund ja Menschen, die sich um ihn kümmern.«
Nicht nur ein Hund, denke ich. Sehe plötzlich Klein-Timmy vor mir auf seinem roten Flitzer und höre seine Worte von damals: Meine Mama hat auch einen Hund. Meine Mama wohnt hier nicht. Die ist weggezogen. Und Ria hat sie mitgenommen. Ria hat sie nämlich ganz doll lieb...
Was mag in dem Kleinen jetzt vorgehen? Wenn sie schon den Hund weggibt, den sie doch so geliebt hat, wie sicher ist Tim dann noch ein Platz in ihrem Herzen. Denkt er das?
»Ich kann Ria auch mal besuchen. Oder ich rufe sie an...«
»Weißt du denn ihre neue Adresse?« fragt Axel vorsichtig.
»Nein, aber ich würde sie ja gleich sehen. Auf so einer kleinen Insel. Bestimmt. Thea hat's auch versprochen, daß wir Ria mal besuchen. Sie hat es mir geschwört.«
Geschworen, Tim. Aber das ist nun auch schon gleich.
Der Junge ist noch nicht am Ende: »Josef hat jetzt auch einen Hund. Mit dem kann ich spazierengehen.«
»Josef?«
»Ja, der ist wieder da aus Amerika. Und hat einen Hund. Aber Thea will nicht mehr bei ihm wohnen. Ich kann ihn immer anrufen, wenn ich will. Aber ich will Ria. Kann man denn mit Hunden auch telefonieren?« Zum ersten Mal schwankt seine Stimme ein wenig. Zu dritt überlegen wir, ob es möglich ist, mit Hunden zu telefonieren.
Tim steht am Fenster und sieht hinaus. Signalisiert uns deutlich, daß er nicht in den Arm genommen werden möchte. Nicht jetzt. »Ria war mein allerbester Freund«, verkündet er und hat seine Stimme und sich selbst voll im Griff. »Ihr habe ich alles erzählt. Weil, sie hat mir ja auch schon mal mein Leben gerettet. Und wenn ich groß bin, dann hole ich

Ria wieder ab. Und ihre Kinder auch. Mit einem großen Lkw, und dann fahren wir ganz weit weg. Ganz weit! Nur Ria und ich und ihre Kinder. Sonst keiner. Ihr auch nicht.«
Ist in Ordnung, Tim. Zeig deine Wut und laß sie heraus, denke ich. Das Kind phantasiert weiter von den vielen Ländern und Abenteuern, die es bestehen wird. Später, wenn es selbst erwachsen ist und wir ihm nicht mehr weh tun können...
»Hast du Thea denn erzählt, wie traurig dich das macht?« will ich wissen. Der Junge sieht zur Seite: »Ich habe schon geweint. Aber dann wurde Thea noch trauriger. Weil...«, und ein vorwurfsvoller Blick trifft Axel, »weil Thea ist ja ganz allein. Weil Josef ja auch so lange in Amerika war, und jetzt ist Ria auch weg.«
Sämtliche Ursachen und Wirkungen hoffnungslos miteinander verwechselnd, schiebt er noch hinterher: »Und da mußte ich sie doch trösten.«
Ich merke, wie eine zügellose Wut in mir aufsteigt. Wenn sie ihm die linke Hand abhackt, wird er ihr freiwillig auch noch die rechte geben? Welche dunklen Kräfte veranlassen sie, das Kind immer wieder und wieder so zu verletzen? Warum hat sie soviel Macht?
Tim versucht es mit einem schiefen Lächeln: »Ich möchte jetzt ins Bett gehen. Ihr könnt ja meine Tür ruhig offenlassen.«
Sicher, Tim, nicht nur die Tür.
Bis weit nach Mitternacht diskutieren Axel und ich zum wohl hundertsten Mal, ob es nicht besser wäre, ihr ganz das Besuchsrecht zu verweigern. Und wissen doch die ganze Zeit, daß wir dem Kind nichts Schlimmeres antun könnten.

In der Nacht

Nachts um halb drei steht Tim in meinem Zimmer. Axel muß später zur Arbeit, damit ich ihn morgens nicht aufwecke, schlafen wir getrennt.
»Ich dachte, ich komm lieber zu dir. Weil du ja morgen früh auch für mich zuständig bist.«
Fast muß ich lachen über seinen ernsthaften Erwachsenenton, der so gar nicht zu seinem kunterbunten Kinder-

schlafanzug paßt. Erst recht nicht zu seinem schneeweißen Gesichtchen.
»Ich muß gleich spucken.« Wir schaffen es gerade noch bis zur Toilette. In dieser Nacht entledigt sich Tim auf höchst massive Weise der ganzen Dinge und Eindrücke, die er nicht in Worte fassen konnte. Er kotzt sie aus! Am Anfang in Viertelstundenabständen, dann werden es Stunden. Jedesmal, wenn er sich bewegt, geht es wieder von vorne los. Axel und ich sitzen an seinem Bett, halten seine Hand – und leeren den Eimer.
Tims Abwehr bläst zum Generalangriff. Das Fieberthermometer klettert auf 39,8 Grad. Doch sobald wir ihm etwas zu trinken geben, rebelliert sein Magen. So wie das ganze Kind!
Erst am Nachmittag ist der Kleine wieder ansprechbar. Behält die ersten Schlucke Kamillentee im Magen. Will Märchen hören. Immer noch die ganze Zeit insgeheim Thea verfluchend, lese ich ihm voll Inbrunst vor:

»Der König ließ ein solches Faß holen und die Alte hineinstecken; dann wurde der Boden zugehämmert und das Faß bergab gekollert, bis es in den Fluß rollte und versank.«

Wieder einmal scheint es so, als wenn der Siebenjährige meine Gedanken erkennt. Er fängt an zu weinen und schluchzt: »Es ist so gemein. Es ist so gemein.«
Erst nach einer ganzen Weile kann er weitere Erklärungen abgeben.
»Das mit Ria ist so gemein. Und mit Josef auch. Wer geht denn jetzt mit mir zum Angeln?«
»Vielleicht lädt Josef dich ja trotzdem mal ein.«
»Vielleicht. Aber dann ist es anders. Ohne Ria«, leise fügt er hinzu, »und ohne Thea.« Schon wieder kullern die Tränen. Der kleine Mann schluchzt sich durch den Nachmittag und ist untröstlich. Am Abend bekommt er Hunger und verlangt Brei: »Weil, Brei ist bestimmt gut für meinen Bauch.«
Nur mühsam kann ich ihn dazu bewegen, selbst zu essen. Er möchte gefüttert werden. Klein-Timmy auf seinem roten Kinderrad: Meine Mama hat die Ria ganz doll lieb. Weil, die ist doch noch ganz klein. Fast wie ein Baby.
Drei Tage lang verbarrikadiert Tim sich in seinem Bett. Er

ist »zu wackelig«, um aufzustehen, was er uns immer wieder mit beachtlichem schauspielerischem Können demonstriert, und er besteht auf Breinahrung. Bloß keine harten Brokken!

»Genehmigen Sie ihm sein eigenes Tempo«, rät Frau Hain. »Er weiß am besten, was er sich zumuten kann.«
Nach einer Woche ist das Kind bereit, der Welt ins Auge zu blicken. Allerdings keinem Vierbeiner. Wann immer er einen sieht, dreht er den Kopf weg. Es dauert fast ein Jahr, bevor er von sich aus wieder einen Hund streichelt. Mit Tränen in den Augen. Ria hat er bis heute nicht wiedergesehen. Doch ihr Foto haben wir mühsam wieder zusammengepuzzelt. Und das Tier liegt dem Kleinen am Herzen. Im wahrsten Sinne des Wortes: Rias Foto hat er stets bei sich. In seinem Brustbeutel mit seiner Adresse und dem Schülerausweis.

Juli '88

In angespannter Erwartung packen wir Tims Koffer. Morgen fährt er mit Thea in den Urlaub. Zum ersten Mal. Drei Wochen lang.
Axel und ich haben verschiedene Notfallpläne in der Tasche, falls sie doch noch kurzfristig absagt. Aber das scheint gar nicht mal Tims größte Sorge zu sein. Er schwankt zwischen Euphorie: »Das wird ganz bestimmt mein tollster Urlaub« und der Angst, wir könnten ihn vergessen: »Ich glaube, wir schließen doch noch einen Vertrag. Damit ihr auch sicher seid, daß ich zurückkomme.«
Pünktlich um halb neun Uhr steht Thea am nächsten Morgen vor der Tür. Tim zieht sich seine Schuhe an und geht. »Hey, du«, ruft Axel, »ich möchte dir aber gern noch tschüs sagen.« Der Fratz dreht sich um, winkt uns kurz zu und verschwindet im Auto. Thea raucht fahrig eine Zigarette und meint mit einem leicht verzerrten Lächeln: »Drei Wochen! Ich bin ganz schön nervös.«
Und wir erst!

Ich vermisse Tim. Ich denke an ihn. Morgens nach dem Aufwachen, abends vor dem Einschlafen. »Meine Güte«, stöhnt Axel schließlich, »du bist ja eine richtige Glucke. Denk doch zur Abwechslung mal an dich selbst. Oder an mich!«
Er hat recht, aber ich kann meinen Kopf nicht ausschalten. Meinen Bauch schon gar nicht. Dabei behalte ich meine schlimmsten Befürchtungen schon vorsichtshalber für mich. Daß Tim entscheidet, bei Thea zu bleiben. Daß er mich ablehnt, wenn er wiederkommt. Mich nicht mehr mag.

»Rucke di guh, rucke di guh, Stiefmutter bist du!«

Ich weiß. Ob ich für ihn dann endgültig die böse Stiefmutter sein werde? Und jede Nacht aufs neue träume ich von dem König und der Hexe:

»Der König ließ ein solches Faß holen und die Alte hineinstecken; dann wurde der Boden zugehämmert und das Faß bergab gekollert, bis es in den Fluß rollte und versank.«

Ich schäme mich meiner Gedanken – und Aggressionen Thea gegenüber. Eines Nachts halte ich es nicht mehr aus, wecke den armen Axel aus tiefstem Schlaf: »Komm«, flüstere ich ihm ins Ohr, »laß uns ein Kind machen.« Kerzengerade sitzt er im Bett und starrt mich an: »Du meinst jetzt?«
»Ja. Oder morgen früh. Oder morgen abend. Egal – aber ich möchte ein Kind. Ich will Mutter sein.« Axel nimmt mich liebevoll in den Arm. Diesmal kann ich meine Tränen nicht länger zurückhalten und weine mir meine geheimsten Ängste und Sehnsüchte von der Seele, um schließlich erschöpft einzuschlafen.

»Rucke di guh, Stiefmutter bist du.«

Eine Wocher später

Eine Ansichtskarte:
Lieber Axel, liebe Lene. Wir besuchen Oma in Lübeck. Es ist ganz toll. Ich hab euch lieb. Habt ihr mich auch lieb? – Euer lieber Tim

Noch eine Woche später – Abends

Jetzt hat auch unser Urlaub begonnen. Eigentlich wollten wir ein paar Tage wegfahren. Wandern. Aber jetzt kann ich mich zu nichts durchringen. Habe plötzlich nur noch ein Baby im Kopf. Mein Kind!
Wir sitzen mit einem Glas Wein auf der Terrasse und malen uns die Zukunft aus. Mit zwei Kindern. Reden über unser noch nicht gezeugtes gemeinsames Kind. Reden über Tim.
Das Telefon klingelt. Axel ist eine ganze Weile verschwunden. Als er zurückkommt, lächelt er: »Das war Tim. Er wollte wissen, wie es uns denn so geht!« Es ist zehn Uhr abends. »Um diese Zeit? Hast du ihn gefragt, ob er Heimweh hat?« Bevor Axel antworten kann, klingelt es wieder.
Diesmal nehme ich den Anruf entgegen. »Hallo Lene. Hier ist Tim. Ich wollt nur wissen, wie es dir so geht?«
»Mir geht's gut. Und dir?«
»Ganz toll. Was macht ihr denn so?«
»Eigentlich nicht so viel. Wir haben jetzt ja auch Urlaub ...«
Ich werde von einem triumphierenden »Siehste, die haben doch Urlaub« unterbrochen, was aber offensichtlich nicht mir, sondern Thea gilt.
»Tim, was ist los?«
»Also, wenn ihr Urlaub habt und sowieso zu Hause seid. Ich würd euch gerne mal besuchen kommen.«
»In Ordnung, Tim. Und wann?«
»Vielleicht morgen früh? So um acht?« Im Hintergrund höre ich Theas Protest. Wir einigen uns auf den späten Vormittag.

Am nächsten Tag

Ein strahlendes Kind steht in der Tür und sprudelt ohne Begrüßung los: »Ich habe meinen Koffer noch im Auto. Weil, Thea meinte, vielleicht habt ihr ja doch noch was anderes vor. Aber habt ihr doch nicht, oder?«
»Das ist schon okay, Tim«, sagt Axel und nimmt seinen Sohn in den Arm. Ich gehe mit Thea zum Auto, Tims Sa-

chen holen. Ihr Gesicht ist eine Maske. Mir fällt auch nichts ein, was ich ihr sagen könnte. Sie tut mir leid.
Tim ist nur widerwillig bereit, sich zu verabschieden. Schließlich habe er zwei Wochen lang sein Spielzeug nicht gesehen. Gemeinsam stehen wir auf der Straße und schauen Theas Auto nach. Tim, Axel und
Ich, Lene, im August '88 vier Jahre Stiefmutter und bald auch Mutter in echt?

Das fünfte Jahr

August '88

Das Geheimnis des kleinen Prinzen bleibt auch mir verschlossen. Ich schaue ebenfalls nur mit den Augen und nicht mit dem Herzen. Die Tatsache, daß Tim Heimweh hatte und vor Ablauf seiner Ferien wieder zu uns zurückkehrte, versetzt mich in einen wahren Begeisterungstaumel.
Heureka! Es ist soweit, ich bin am Ziel meiner Wünsche angelangt, habe meine Nebenbuhlerin endlich überrundet. Das warnende

»Rucke di guh, rucke die guh!«

der beiden weißen Täubchen will ich nicht hören. Genausowenig wie eine leise innere Stimme, die fragt, ob es wirklich mein Ziel ist, zum lebenden Mutterklischee zu verkommen. Pflegeleicht und weichgespült mit einem stets freundlichen Lächeln auf den Lippen. Die Groschenromane, die ich als Teenie verschlungen habe, lassen grüßen.
Axel betrachtet meine Entwicklung mit leiser Sorge, hält sich aber klugerweise zurück. Ich male an dem Bild unserer heilen Familie, die wir bald sein werden. Denn es kann ja schließlich nur noch eine Frage von Wochen sein, bis ich endlich schwanger bin. Und wenn Tims Geschwisterchen erst mal da ist...

»Wenn Tim und ich dann nachmittags unsere Tochter spazierenfahren...«
»Und wo bin ich dann?« verlangt mein Liebster zu wissen.
»Du mußt in die Firma«, stellt Tim ungerührt fest. »Arbeiten! Weil, wenn Lene nicht mehr arbeitet, mußt du ja mehr Geld verdienen.«
»Was soll das heißen, wenn du nicht mehr arbeitest?«
Doch Tim hat das Gespräch voll im Griff: »Lene kümmert sich dann ganz um mich. Na ja, und ums Baby auch. Dann kann sie schließlich nicht mehr arbeiten. Weil, wir kriegen dann auch richtiges Essen. Sie macht nämlich noch 'nen Kochkurs.«

Der Verlauf des Gesprächs wird mir unangenehm. Meine geheimen Zeichen, daß er seinen Mund halten soll, übersieht der kleine Mann geflissentlich.
»Habt ihr«, erkundigt sich Axel, »bedacht, daß man Erziehungsurlaub auch teilen kann? Zwischen Mutter und Vater. Sozusagen Hälfte und Hälfte.« Der Achtjährige denkt nach: »Wenn du dann auch einen Kochkurs machst, könnt ihr auch teilen. Das ist mir gleich. Hauptsache, es gibt in Zukunft besseres Essen hier.«
So schnell verläßt er mich also, mein Bündnispartner.
»Für ein gutes Essen würdest du sogar noch deine Großmutter verkaufen«, fauche ich ihn an. »Lern doch selber kochen.«

Spätsommer '88

Immer wieder beschäftigt mich die Frage, was bei einem eigenen, einem leiblichen Kind wohl anders wäre. Oft genug erlebe ich bei Tim Handlungen und Reaktionen, die ich kaum oder gar nicht nachvollziehen kann – und Axel lächelt: »Ja, ich erinnere mich, so habe ich das früher auch gemacht.« Ich beneide ihn um diese Vertrautheit mit seinem Sohn, um dieses Sich-Wiedererkennen.
Natürlich gibt es noch ganz andere Aspekte bei meinem Kinderwunsch, die ich aber für mich behalte. In meinen Tagträumen sehe ich mich zum Beispiel mit Baby im Arm die Tür öffnen. Thea kommt, um Tim abzuholen, und ich höre mich mit einem Lächeln sagen: Schau Thea, jetzt hast du mir nichts mehr voraus. Dieses kleine Wesen kommt nur aus meinem Bauch. Ich bin seine Mutter. Ganz allein.
Nachdem ich meinen Beruf, der mir doch einmal so wichtig war, zunehmend hintan gestellt habe, spüre ich jetzt mehr und mehr eine nagende Unzufriedenheit. Die völlige Fixierung auf meine privaten Probleme hat mich im Beruflichen sehr unsicher, für Kolleginnen und Kollegen fast unsichtbar werden lassen. Meine Ideen, meine Energien habe ich in mein Stiefmutterdasein eingebunden. Wie also soll es jetzt für mich weitergehen?
Eine Schwangerschaft und der nachfolgende Erziehungsurlaub würden mir erst mal Zeit gewähren. Die Frage nach

meinen ganz persönlichen Zukunftsperspektiven ließe sich bequem – und vor allem mit gutem Grund – in die Unendlichkeit verschieben. Aber nein, derartige Überlegungen erschrecken mich. Zeigen mir, daß mit diesem mich so beherrschenden Kinderwunsch etwas nicht stimmen kann. Aber – was denn?

Frühherbst '88

Mein Frauenarzt beglückwunscht mich zu meiner Entscheidung. Er murmelt etwas von Spätgebärender (immerhin habe ich ja auch schon das hohe Alter von einunddreißig Jahren erreicht), empfiehlt mir morgendliche Temperaturmessungen und stattet mich mit entsprechenden Tabellen aus. Eine Illusion, zu glauben, dies vor Tim geheimhalten zu können.
»Was is'n das?« Und geduldig erkläre ich ihm das Wieso, Weshalb, Warum. Mit Folgen: Denn nun will er genau wissen, wie ein Baby in den Mutterbauch kommt, gibt sich mit der vagen Erklärung, wenn ein Mann und eine Frau sich liebhaben, nicht mehr zufrieden. Er stellt diese Fragen nicht Axel. Auch nicht seiner Mutter. Sondern mir. Gemeinsam studieren wir also Aufklärungsbücher. Schauen uns Fotos an.
Trotzdem falle ich aus allen Wolken, als Tim mir eines Tages meine gut versteckt geglaubte Tamponschachtel unter die Nase hält.
»Was is'n das?«
Warum ich?
Seufzend weihe ich ihn also auch in die Menstruationsgeheimnisse ein. Mit durchschlagendem Erfolg.

Ein Sonntagabend

Tim hat das Wochenende bei Thea verbracht. Wir sitzen beim Abendessen. »Thea blutet gerade nicht«, verkündet der Zwerg, während er versucht, sich zwischen Wurst und Käse zu entscheiden.
»Warum sollte sie auch?« fragt Axel irritiert.
»Weil, wenn sie nicht blutet, hat sie ja vielleicht ein Baby im Bauch.«

»... und der Vater blickte stumm, auf dem ganzen Tisch herum...«

»Hat sie aber nicht«, macht er unbeirrt weiter. »Und du?« will er von mir wissen. Axel betrachtet immer noch fassungslos seinen Teller. »Ich bin nicht schwanger, wenn du das meinst.« Der Kleine runzelt die Stirn: »Das dauert aber ganz schön lange. Als ich bei Thea im Bauch war, ging das, glaube ich, viel schneller. Oder?« Ein fragender Blick an seinen Vater. Der gibt nur ein herausgepreßtes »Ich glaube nicht – beim Abendessen – dieses Thema –« von sich. Sein Sohn ist mit seinen Gedanken aber schon viel weiter: »Na ja, das ist ja auch schon ganz schön lange her. Acht Jahre! Wenn ich acht Jahre nicht mehr Fußball spielen würde, könnte ich vielleicht auch nicht gleich richtig treffen.«
Axel erwacht aus seiner Erstarrung: »Hör zu, Timm, das ist etwas, was zunächst nur Lene und mich etwas angeht. Und ich habe überhaupt keine Lust, mit dir darüber zu diskutieren. Schon gar nicht beim Essen.«
»Ich finde aber schon...« Doch jetzt wird der Junior abgewürgt.
»Es interessiert mich in diesem Fall aber nicht, was du findest.«
Und ich sehe Tims Lippen lautlos das Wort »Blödmann« formen. In den nächsten Wochen betrachtet er immer wieder kritisch meinen Bauch. Es ist ihm anzumerken, daß er uns für Versager hält. Nicht mal ein Baby bringen wir zustande. Das hat seine Mutter mit links geschafft!

Herbst '88/Winter '89

»Hier ist mein Geheimnis. Es ist ganz einfach: ›Man sieht nur mit dem Herzen gut, das Wesentliche ist für die Augen unsichtbar.‹«

Ich beginne also mit täglichen Temperaturmessungen. Jeden Morgen. Immer zur gleichen Zeit. Ich vermesse den September, den Oktober, November. Weihnachten messe ich immer noch. Januar, Februar. Die Kurven, die dabei herauskommen, werden immer abenteuerlicher. Statt sanft

und stetig aufsteigender und dann wieder abfallender Hügelketten, produziere ich ein zerklüftetes Hochgebirge.
Der Frauenarzt stellt bedauernd fest, daß noch nicht einmal mehr ein Eisprung stattfände und bringt eine Hormonbehandlung ins Gespräch.
Ich will ein Kind. Will ich ein Kind? Mein Kopf sagt ja. Was sagt mein Bauch? Schaue ich vielleicht nur mit den Augen und nicht mit dem Herzen? Hat mein Körper besser als mein Verstand erkannt, daß jetzt nicht die Zeit für ein leibliches Kind ist? Vielleicht, weil ich erst das Verhältnis zu meinem Stiefkind klären muß? Für das ich verantwortlich bin, weil es sich mir anvertraut? Und ich mich ihm anvertraue?

»Rucke di guh, Stiefmutter bleibst du!«

»Tim«, erklärt mir Frau Hain, »hat bei Ihnen sehr viel weniger Ängste als bei seinen Eltern. Die haben sich – so seine Wahrnehmung – mit der Scheidung auch von ihm getrennt. Er fühlt sich von Mutter und Vater betrogen. Wie Hänsel und Gretel allein im Wald zurückgelassen. Das hat ihn sehr verletzlich gemacht, ängstlich und unsicher. Er leidet an dem Gefühl der Verlassenheit, ist nie ganz sicher, ob er geliebt wird. Deshalb ist er mal tyrannisch, dann wieder liebenswürdig. Er probiert, ob er überhaupt noch vertrauen kann.«
Ja, Tim testet seine Grenzen. Meinen Zickzackkurven ähnlich gleicht das Zusammenleben mit ihm einer Achterbahnfahrt. Sein Schwanken zwischen Ordnung und Chaos bestimmt sowohl sein inneres wie sein äußeres Leben. Wochenlang macht er nur unter größtem Druck seine Schulaufgaben, verbummelt Bücher, Hefte und Stifte, »vergißt« sämtliche Abmachungen, die wir mit ihm treffen, weigert sich, sein Zimmer aufzuräumen, ist nur unter Drohungen dazu zu bewegen, zu duschen oder zu baden. Um dann wieder den peniblen Musterschüler zu spielen, zwanghaft jeden Buntstift anzuspitzen und dreimal am Tag seine Wäsche zu wechseln.
Es gibt Wochen, da erschlägt er uns mit seinem Redeschwall, ist von morgens bis abends nicht zur Ruhe zu bringen und will alles, alles wissen. Erzählt in buntesten Farben

von seinen Phantasien und geheimen Wünschen. Jeden Tag hat er neue Ideen, und unser Haushalt macht wundersame Änderungen mit. Bettlaken fehlen, die er dringend für seine Raumfahrerkapsel braucht; Gläser verschwinden, die für seine Regenwürmerzucht auf der Terrasse unabdingbar sind; Besen und Schrubber transportiert er in den »Zauberwald«, der eigentlich ein Stadtpark ist, um ein Blockhaus zu bauen. An einem Morgen wacht er als Winnetou auf und erschreckt uns zu Tode, weil er sich nur noch schleichend fortbewegt und uns an jeder Ecke auflauert. Eine Woche später wird die Küche zur Kombüse, und seine Kajüte läßt sich wegen des hohen Seegangs nicht mehr aufräumen.
Dann wieder verschließt er sich wie eine Auster, geht hinter seine Wand. Flüchtet sich in seine Welt der Träume und Illusionen. Versucht seine Innenwelt vor jedem Zugriff zu schützen. Nach außen demonstriert er Lustlosigkeit, blockt alle Anfragen ab: »Och nee, ich hab' keinen Bock!«
Diese Schwankungen machen nicht nur uns Probleme, sondern vor allem auch anderen Kindern. Tim nähert sich Gleichaltrigen mit einer Wucht, die sie erschlägt. Spontan und hilfsbereit geht er auf sie zu, will sie ganz in Besitz nehmen. Alles oder nichts! Verweigern sie sich ihm, fühlt er sich schnell ausgenutzt und zieht sich zurück. Seine Enttäuschung und Wut, seine gesamten negativen Gefühle, behält er lange Zeit für sich, um dann plötzlich – und für sein Gegenüber völlig unerwartet – wie ein Vulkan zu explodieren.
Seine Ausbrüche sind häufig schwer zu ertragen, aber wir lernen langsam, daß sie sehr viel gesünder sind als seine früheren Reaktionen: die unterdrückte Wut in Krankheiten zu lenken.

Meine erfolglosen Bemühungen, schwanger zu werden, verstärken nur noch das Bedürfnis, meine geballte Mütterlichkeit ausleben zu wollen. Ich mache Tim wieder einmal zu meinem Lebensmittelpunkt. Frau Hain findet das – wie könnte es auch anders sein – »völlig normal«.
»Tim«, erläutert sie mir, »ist Ihr erster echter ›Intimpartner‹. Ihm können Sie Ihre gesamte Gefühlsskala ungefiltert zeigen: Wut und Ärger ebenso wie Zärtlichkeit und Geborgenheit. Tim fordert Sie heraus, weil er sich so gibt, wie er

ist. Ohne die üblichen Spiele der Erwachsenen. Damit entlockt er Ihnen alle Gefühle, die Sie so mühsam gelernt haben zu verstecken. Sowohl im Alltag als auch im Privatleben. Vor sich selbst und vor anderen!«
Ungefilterte Gefühlsskala – das trifft den Nagel auf den Kopf. Immer wieder prallen Tim und ich aufeinander. Wir streiten uns um Belanglosigkeiten. Manchmal auf einer Ebene, die uns beide acht Jahre alt sein läßt. Oder fünf. Oder drei.

»Tim, wenn du nach draußen gehst, setz bitte deine Mütze auf.«
»Warum?«
Ich hoffe auf den Tag, an dem ihm sein ewiges ›Warum‹ einmal im Halse stecken bleibt. »Weil es kalt ist.«
»Ich will aber keine Mütze.«
Mein einunddreißig Jahre alter Verstand warnt vor dem lupenreinen Machtkampf, auf den ich mich gerade einlasse. Die achtjährige Lene stampft jedoch mit dem Fuß auf und sagt sich, jetzt erst recht: »Und ich will, daß du mit Mütze die Wohnung verläßt.«
Tim weiß, wie er mich am schnellsten provoziert: »Bei Thea muß ich nie eine Mütze aufsetzen ...«
Ich hole tief Luft, aber der Kleine ist schneller: »... und erkälten tu' ich mich trotzdem nicht. Nur immer wenn ich bei dir bin. Und bestimmt wegen der Mütze.«
»Du bist hier aber nicht bei Thea ...« Tim seufzt zustimmend und entsagungsvoll. Damit geht meine Beherrschung endgültig den Bach runter, »... und setz verdammt noch mal eine Mütze auf oder bleib drin.«
»Mützen sind aber überhaupt nicht gut. Für den Kopf. Weil, ich kann dann nie mehr so richtig nachdenken.«
Ich balle die Fäuste und die Fünfjährige in mir schreit danach, ihm das Gesicht zu zerkratzen. Die erwachsene Lene beschränkt sich auf einen bitterbösen Blick. Der Achtjährige gibt ihn ungerührt zurück. Auge in Auge!
Schließlich bequemt er sich zum Schrank, reißt mit einem Ruck die Schublade auf und Mützen, Schals und Handschuhe fallen ihm entgegen. »Da hast du's«, schreit er los, »scheiß Mützen.«

»Räum es wieder auf«, sage ich mit zusammengebissenen Zähnen.
Der Bengel entrüstet: »Wieso ich? Ich wollt' ja überhaupt gar keine Mütze. Und jetzt gehe ich sowieso nicht mehr 'raus.«
»Räum auf, setz deine Mütze auf und geh.«
Ich sehe, wie seine Lippen lautlos die Worte formen: »Du hast mir überhaupt nichts zu sagen«, und ebenso lautlos und eindeutig warne ich ihn: »Laß es nicht drauf ankommen.«
Fluchend wirft er sämtliche Sachen wieder in die Schublade, zieht sich die Mütze weit über die Augen und verkündet düster, ehe er die Wohnung verläßt: »Übrigens, wenn mich jetzt ein Auto überfährt, dann ist das, weil ich mit der Mütze nichts sehen kann.«
Quatschkopf, denke ich und sage laut »Viel Spaß«, um die nächste Stunde damit zu verbringen, mir sämtliche Schrekkensbilder auszumalen, wie er tatsächlich verunglückt.
Der Knabe läßt sich mit dem Zurückkommen Zeit. Es wird dunkel. Unruhig laufe ich von einem Fenster zum anderen. Und wenn er jetzt tatsächlich... Oder vielleicht überlegt er sich ja auch, daß er es bei Thea viel besser hat, und macht sich auf den fünfzig Kilometer langen Weg. In Gedanken sehe ich die kleine Gestalt einsam und erschöpft die Landstraße entlangstapfen.

»Brüderchen nahm sein Schwesterchen an der Hand und sprach: ›Die Stiefmutter schlägt uns alle Tage, und wenn wir zu ihr kommen, stößt sie uns mit den Füßen fort. Komm, wir wollen miteinander in die weite Welt ziehen.‹«

O Gott! Eine richtige Mutter hätte ihren Sohn nie so gehen lassen wie ich vorhin. Ich bin unfähig! Und verzweifelt. Höre weder Schlüssel noch Haustür. Statt dessen plötzlich ein zaghaftes: »Hallo. Ich bin wieder da.«
Drei Wackersteine fallen mir vom Herzen, doch Tim sieht aus, als wenn er an heftigen Bauchschmerzen leidet: »Was ist los?«
»Also, das war so«, beginnt er in der ihm eigenen umständlichen Art, wenn er etwas zu beichten hat. Wahrscheinlich war er doch auf dem Weg zu Thea, und die Polizei hat ihn angehalten, schießt es mir durch den Kopf. Blödsinn!

»Azerlatschen ...«
»Wie bitte?« Ich sehe ihn irritiert an und werde mit einem seiner Du-weißt-auch-überhaupt-nichts-Blicke bedacht.
»Beim ›A‹ zerlatschen, verstehst du.«
»Du meinst ›A‹ zerstören?« erinnere ich mich plötzlich wieder an das Versteckspiel von früher.
»Ja. Wenn du eben diese Stöcke in die Luft wirfst, und einer muß damit ein A bauen und dann die anderen suchen und dann ...«
»Ich weiß. Also, was ist da passiert?«
»Weiß ich auch nicht. Jedenfalls – weg war sie.«
Ich bin in Gedanken immer noch bei Thea und begreife nur langsam, daß der Lausebengel seine Mütze verloren hat. Ganz unpädagogisch fange ich an zu lachen: »Solange es nur die blöde Mütze ist. Ist doch egal. Hauptsache, du bist wieder da.«
»Wieso? Wo sollte ich denn sonst sein?«
Ach, Tim, wenn du wüßtest! Das meinen auch die beiden Täubchen draußen auf der Fensterbank, die ihr leises

»Rucke di guh, rucke di guh«

ertönen lassen. O ja, Stiefmutter bin ich. Ohne Zweifel!

Natürlich weiß ich, daß Konflikte dieser Art auch in anderen, »normalen« Familien an der Tagesordnung sind. Machtkämpfe zwischen Kindern und Eltern gehören zum Alltag. Doch als Stiefmutter ist die Angst zu versagen, sich nicht »wahrhaft mütterlich« zu zeigen, ungleich größer. Eine Bestätigung, die ich in meinem Gesprächskreis mit anderen Stiefmüttern erhalte. Wir sind immer wieder überrascht, wie sehr sich unsere Reaktionen ähneln. Wie sehr wir uns alle vor dem Vergleich mit »echten« Müttern fürchten und deshalb einen krankmachenden Perfektionismus verfolgen. Es erleichtert enorm, diese Einsichten miteinander auszutauschen. Aber es kann ebenfalls Angst verursachen.
Eine Erfahrung, die auch Tim macht.

Ein Wochenende im November ’88

Frau Hain hat ihre fünf »Therapiekinder« zwischen sechs und elf Jahren für zwei Tage in ihr Wochenendhaus eingeladen. Zum besseren Kennenlernen und Miteinanderspielen, da sich die Kinder bei ihren Terminen doch immer wieder über den Weg laufen und neugierig aufeinander sind.

Sonntagnachmittag

Als Tim am Nachmittag zurückkommt, macht er einen aufgeregten und verwirrten Eindruck: »Wir haben eine richtige Nachtwanderung gemacht. Ganz in echt. Und abends auch noch ein Feuer. Und dann haben wir Brot darüber gegrillt. Wie bei Hänsel und Gretel. Und nachher haben einige Angst gehabt, und ich mußte zu Frau Hain gehen und fragen. Und nachts haben welche geweint und am nächsten Morgen ...«
»Moment, Tim«, unterbreche ich seinen Redeschwall. »Wer hat Angst – und wovor? Und wo war Frau Hain?«
»Frau Hain war in der Küche und hat Zeitung gelesen. Und wir sollten schlafen. Wir haben auf dem Fußboden gelegen. Alle miteinander. Das war echt toll. Und wir haben uns Witze erzählt. Kennste den von den beiden Steinzeitmenschen ...«
»Tim«, versuche ich es geduldig, »du wolltest doch erzählen, wovor ihr Angst hattet.«
»Na, so genau weiß ich das auch nicht. Aber das war wohl, weil wir alle geschieden sind.«
Verblüfft sehe ich ihn an: »Wie?« Der Blondschopf zieht die Stirn kraus und denkt nach: »Also, als Martina den Witz von den Steinzeitmenschen erzählen wollte ...« Er machte eine Kunstpause und sieht mich erwartungsvoll an. Mir wird klar, ich komme um den Witz nicht herum. »Okay, Tim. Nachher kannst du mir den Witz erzählen, aber jetzt rede erst mal weiter.«
»Gut. Jedenfalls, da wußte Michael alles besser. Und da hat Martina geweint. Weil, Michael ist ja ihr Bruder.« Der Zusammenhang erschließt sich mir noch überhaupt nicht. »Ja, und?«

Das Kind nimmt einen neuen Anlauf: »Die Eltern von den beiden haben sich geschieden. Weil Michael und Martina immer miteinander streiten. Und deshalb hat Martina geweint. Das ist wie mit dem großen runden Tisch bei mir.«
»Tim, versuch einfach mal, der Reihenfolge nach zu erzählen. Im Moment verstehe ich wirklich nur Bahnhof. Also Michael und Martina glauben, ihre Eltern hätten sich scheiden lassen, weil die Kinder sich häufig streiten?«
»Ja, und weil Martina immer ins Bett pinkelt, sagt Michael. Und da ist mir wieder der Tisch eingefallen. Da sind Thea und Axel immer 'rumgelaufen und haben sich ganz doll angeschrien. Weil ich mein Mittag nicht essen wollte. Ich habe dann unter dem Tisch gesessen und gesehen, wie sie immer herumgelaufen sind. Und dann haben sie sich geschieden. Und dann...« Tim beißt sich fest auf seine Lippen, »...hat Thea mich nicht mehr besucht. Weil Axel das nicht wollte.«
Ich schlucke. Versuche, ganz normal zu antworten: »Weißt du, ich glaube wirklich nicht, daß das der Grund war. Da solltest du aber unbedingt noch mal mit Axel und Thea drüber reden. Meinst du nicht?«
Inzwischen fängt Tims Lippe vom vielen Beißen an zu bluten. Er zögert: »Weiß nicht. Aber kannst du dir vorstellen, daß Eltern sich scheiden, weil Martina ins Bett pinkelt?«
»Nein, Tim. Das kann ich mir genausowenig vorstellen, wie das, was du erzählst. Axel und Thea haben sich ganz bestimmt nicht getrennt, weil du dein Essen nicht wolltest oder irgend etwas anderes angestellt hast. Und Axel hat Thea auch nicht verboten, dich zu besuchen.« Tief in Gedanken versunken, malträtiert er seine Unterlippe weiter: »Aber Michael sagt, wenn Martina nicht mehr ins Bett macht und er sich nicht mehr mit ihr streitet, kommt ihr Papa zurück, und sie sind wieder eine richtige Familie.«
»Ich kann mir vorstellen, daß Michael das gern glauben möchte. Nur, die Wirklichkeit sieht anders aus. Verstehst du, der Trennungsgrund ist nicht das Kind, sondern die Erwachsenen. Die kommen nicht mit sich selbst und nicht miteinander klar.«
Tim starrt angestrengt auf den Tisch, die Augen weit aufgerissen. Ein sicheres Zeichen, daß Tränen im Anzug sind.

»Aber, wenn Eltern sich nicht wegen ihrem Kind streiten und scheiden, dann...«, seine Stimme beginnt zu zittern, »...dann vertragen sie sich ja auch nicht wieder. Wegen ihrem Kind. Oder?«
»Nein. Das tun sie wohl nicht. Jedenfalls nicht wegen ihres Kindes. Aber deshalb können sie ihr Kind trotzdem liebhaben.« Der Achtjährige schaut mich an und fragt leise: »Aber nicht richtig. Nech?«

»Du bist zeitlebens für das verantwortlich, was du dir vertraut gemacht hast, du bist für deine Rose verantwortlich.«

Ich setze mich zu Tim auf die Couch, nehme ihn in den Arm: »Ich glaube, man kann nicht richtig oder falsch lieben. Nur, jeder Mensch hat eine andere Vorstellung davon, wie er am allerliebsten liebgehabt werden möchte. Aber das funktioniert nicht immer so, wie wir es uns wünschen.«
»Auch nicht, wenn man ganz fest daran glaubt und das jeden Abend wieder vor dem Einschlafen sagt? Auch dann nicht?« Fast beschwörend klingt sein dünnes Stimmchen. »Tim, ich fürchte, diesen Zauber hat niemand. Kein Kind und kein Erwachsener.«
»Aber manchmal ist es schon passiert. Mit Wundern und so. Ich jedenfalls glaub' daran, auch wenn's vielleicht nicht wahr ist. So wie mit dem Weihnachtsmann. Den gibt es auch nicht, und er kommt trotzdem jedes Jahr.«
»Gut. Wenn du das meinst, ist es in Ordnung. Was hat nun aber Frau Hain zu eurem Gespräch gesagt?«
»Ach, die hat auch so was wie du erzählt. Weil einige Kinder nämlich ganz schön traurig waren, weil sie geschieden sind und so. Und weil sie meinen, das ist, weil sie nicht artig sind.«
»Und du? Meinst du das immer noch?«
Tim löste sich aus meiner Umarmung und fängt an, mit der Kerze zu spielen, die auf dem Tisch steht: »Weiß nicht. Eigentlich kann ich mich auch gar nicht mehr erinnern. An die Geschichte mit dem Tisch. Und als Axel und Thea sich mal beinahe geschlagen haben. Das war nachts. Aber ich glaube, ich weiß das überhaupt nicht mehr. Weil, da war ich ja auch noch ganz klein. Soll ich dir jetzt mal den Witz von den Steinzeitmenschen erzählen?«

Abends

Das Gespräch beschäftigt mich noch lange. Mir fällt ein, wie auch ich als Kind davon überzeugt war, alles beeinflussen zu können, wenn ich nur fest genug daran glaubte. Es tut weh, sich von solchen kindlichen Allmachtsphantasien zu verabschieden. Für Tim ein Schmerz, den er noch nicht ertragen kann.
Und ich? Gelingt es mir, mich von meinen Utopien zu lösen? Meinen stief-mütterlichen Allmachtsphantasien? Bin ich überhaupt bereit dazu? Vielleicht ein wenig mehr als Tim. Aber eigentlich brauchen wir beide noch Zeit.

Dezember '88

Nach einigen Monaten wieder ein Anruf von Tims Lehrerin. »Ich habe gestern einen Aufsatz schreiben lassen«, erzählt sie. »Thema: ›Mein größter Weihnachtswunsch‹. Sie ahnen nicht, was dabei herausgekommen ist. Ich hatte natürlich an erster Stelle mit materiellen Wünschen gerechnet. Aber die Herzen der Kinder sagen etwas ganz anderes als das, was sie uns verbal täglich mitteilen.«

»Man sieht nur mit dem Herzen gut, das Wesentliche ist für die Augen unsichtbar.«

»Ich bin richtig schockiert, was da an geheimen Sehnsüchten zur Sprache gekommen ist. Ein Kind wünscht sich, daß die tote Oma wieder lebendig wird, damit die Eltern sich nicht immer so streiten. Ein anderes möchte gern einmal pro Woche einen Abend mit Vater und Mutter erleben. Anscheinend sind die nie gleichzeitig zu Hause. Und ein drittes wünscht sich einen Hund: ›Ganz für mich allein. Damit mir endlich mal jemand richtig zuhört.‹«
Und hier ist der Aufsatz von Tim:
»Lieber Weihnachtsmann. Ich weiß, daß es nicht geht. Aber manchmal gibt es ja ein Wunder, so wie mit dem Jesuskind. Wenn ich dir diesen Wunsch sage, will ich auch gar nichts anderes mehr haben. Auch nicht die elektrische Eisenbahn und den Walkman. Und ein Skateboard brauche ich auch nicht. Ich wünsche mir nur, daß wir alle zusammenwohnen.

Ich und meine Eltern Axel und Lene, meine Mutter Thea und meine liebe, liebe Ria. Wir haben ganz viel Platz in unserer Wohnung, und ich würde immer ganz doll aufpassen, daß die Erwachsenen sich nicht streiten. Und wir uns wieder scheiden müssen. Das ist mein allergrößter Weihnachtswunsch. Dein lieber Tim.
P.S.: Wenn das nicht geht, möchte ich doch lieber die Eisenbahn und den Walkman. Das Skateboard kann ich dann ja zum Geburtstag kriegen.«
Ich seufze: »Armes Kerlchen. Er denkt immer noch, er könne aufpassen und alles wieder richten.«
Frau Rode lacht: »Tun wir das nicht alle? Ich habe entschieden, die Aufsätze nicht zu benoten. Kann ich gar nicht. Aber ich würde furchtbar gern alle Eltern dazu verdonnern, sie zu lesen. Damit sie mal eine ungefähre Ahnung bekommen, was in den Herzen ihrer Kinder vorgeht.«

»Und der kleine Prinz wiederholt besonders: ›Das Wesentliche ist für die Augen unsichtbar.‹«

Auch ich kann mich noch nicht von meinen Allmachtsphantasien trennen. Zu verworren ist das Mutterbild, das ich mit mir herumschleppe. Obwohl ich es inzwischen besser wissen müßte, vermag ich nicht aufzuhören, mit Thea zu konkurrieren. Und mit meinem Bauch, der sich einer Schwangerschaft ganz offensichtlich verweigert. In Ordnung: Wenn also schon nicht Mutter, dann wenigstens perfekte Stiefmutter. Eigentlich doch lieber Mutter als Stief. Aber meine Allmachtsphantasien werden von Tim wieder schnell korrigiert.

Februar '89

Tim zeigt mir seine Hausaufgaben.
»Was ist das denn?«
Er windet sich: »Och, das ist nicht wichtig. Haben wir in der Schule gemacht. Das ist so was wie ein...«, er sucht nach dem richtigen Wort, »...ein Abstammungswald.«
»Du meinst Stammbaum?«
»Ja, nur nicht mit Ästen und so. Wir sollten einfach aufschreiben, wer unsere Eltern sind und Großeltern und Ver-

wandte und so. Also eigentlich, wer zu unserer Familie gehört.«

Tim hat das Blatt fein säuberlich in Rubriken aufgeteilt: Eltern – Axel und Thea; Großeltern – Oma Hedwig und Opa Karl (Axels Eltern); Oma Frieda (Theas Mutter, ihr Vater ist früh gestorben); Oma Magda und Opa Wilhelm (meine Eltern); Verwandte – Onkel Ulrich (mein Bruder), Tante Gina (meine Schwägerin), Cousin Daniel (mein Neffe).

Ich sehe den Knaben einigermaßen fassungslos an: »Und was ist mit mir?«

»Na ja, du gehörst ja eigentlich nicht zur Familie.«

Volltreffer! Diesmal beiße ich mir fast die Lippen blutig.

»Wir sollten nur aufschreiben, mit wem wir verwandt sind. Und wir haben ja nichts miteinander zu tun.«

Tim erkennt meine Bestürzung sofort: »Ich meine in echt. So mit Blut und so – das habe ich ja nicht von dir.«

Langsam erhole ich mich von dem Schock und versuche, mich dem Problem mit dem Verstand zu nähern: »Okay. Nur, dann scheiden Oma Magda und Opa Wilhelm, Ulrich, Gina und Daniel genauso aus. Die sind nämlich von meinem Blut.«

Der Junge ist einen Moment sprachlos: »Aber das sind meine Verwandten.«

»Nach deinen Maßstäben«, und mein einunddreißigjähriges Ich weicht der acht Jahre alten Lene, »sind es meine Verwandten.«

Tim ist entrüstet. Ich schiebe schnell hinterher: »Mit denen du überhaupt nichts zu tun hast. Zumindest, was eine Blutsverwandtschaft angeht.«

Tim, der über einen ausgeprägten Familiensinn verfügt, argumentiert: »Das sind aber meine Verwandten. Weil, sonst hab' ich nämlich keine.« Und dann triumphierend: »Außerdem, als Daniel sich mal den Finger aufgeratscht hat, hab' ich meinen daran gehalten, und wir haben unser Blut umgetauscht. Deshalb sind wir auch Blutcousins. Und weil Ulrich und Gina seine Eltern sind, bin ich auch in echt verwandt.«

Meine Empörung wächst: »Du meinst also, weil Axel und Thea zufällig keine Geschwister haben, kannst du dir meine Familie als Ersatzverwandte aussuchen. Weil du sonst keine

hast. Da du aber über eine Mutter verfügst, kann du mich einfach streichen?« Inzwischen bin ich fünf Jahre alt und will, verdammt noch mal, meine mir zustehenden Streicheleinheiten erhalten.
Das Kind verfällt in tiefes Nachdenken. Plötzlich hängt mein Seelenheil davon ab, welche Rolle es mir einräumt. »Jetzt weiß ich's«, verkündet der Schlaukopf schließlich. Malt in die untere rechte Ecke eine neue Spalte. »Guck, hier kommst du hin. Und da schreibe ich drüber: ›Übrigens‹. Und da schreibe ich auch Ria hin. Siehst du: Lene und Ria. Weil von Rias Hundeblut hab' ich ja auch nichts. Aber trotzdem habe ich sie ganz doll lieb.« Er ist begeistert von seiner Idee und lehnt sich hochbefriedigt zurück.

»Rucke di guh, rucke di guh, Stiefmutter bleibst du!«

Frühjahr '89

Warum kann ich für Tim nicht Mutter sein? Warum werde ich nicht schwanger? Das Verwirrspiel in meinem Kopf wächst. Warum kann Lene nicht Thea sein? Warum kann Thea nicht hier wohnen und Lene sein? Auch Tim kann das Durcheinander in seinem Kopf zunehmend schlechter ordnen. Er will uns zu einer Person machen. Redet mich immer häufiger mit Thea an. »Tim, Thea wohnt in Gründern. Ich bin Lene.«
»Ach ja.« Fünf Sätze weiter geht das gleiche Spiel von vorne los.
Wir verknäulen uns mit unausgesprochenen Hoffnungen, Erwartungen und Träumen in einem Kuddelmuddel, das kaum noch zu entwirren ist. Axel sieht unseren Verstrickungen hilflos zu. Auch er kann den Knoten nicht lösen, schreckt vor unseren wechselseitigen emotionalen Ausbrüchen zurück. Versucht Schiedsrichter in einem Spiel zu sein, dessen Regeln keiner der Beteiligten kennt. Und der kleine Trommler auf meinem Schreibtisch trommelt so laut er kann. Doch Tim und ich wollen seine Warnungen nicht hören...

Axel hat Spätdienst. Tim kommt abends äußerst schlecht gelaunt vom Spielen zurück. »Die gehen morgen ins Kino, und danach essen sie Hamburger. Und abends machen sie ein Lagerfeuer. Bei meiner selbstgebauten Hütte!«
Ich stehe in der Küche, richte das Abendbrot. Bin wahrscheinlich noch gereizter als das Kind. Wieder einmal hat mich mit einigen Tagen Verspätung die einsetzende Menstruation davon überzeugt, daß die Mutterfreuden auch in diesem Monat ausbleiben. Mir ist schlecht. Ich habe Bauchweh. »Wer geht wohin?«
»Thomas hat morgen Geburtstag. Und ich kann nicht hin, weil ich bei Thea bin.«
»Moment, Tim. Erstens hast du uns kein Wort von einer Einladung gesagt. Zweitens könntest du sehr wohl zum Geburtstag gehen. Axel bringt dich dann eben abends zu Thea.«
»Das verstehst du nicht.«
»Und warum nicht?«
»Weil du überhaupt keine Ahnung hast, wie das ist. Und außerdem geht dich das auch gar nichts an.«
»Gut, wenn du meinst. Im übrigen fühle ich mich heute abend ziemlich schlecht.«
Er sieht mich prüfend an: »Kriegste ein Kind?«
Woher hat dieses Gör bloß seinen siebten Sinn, immer haargenau ins Schwarze zu treffen?
»Nein. Ich bekomme kein Kind.«
Er setzt sich auf den Küchenschrank und will sich ein Stück Gurke greifen: »Wasch erst mal deine Hände.«
Tiefer Seufzer: »Ja, ja, ja! Immer wird man hier herumbefehlt!«
»Das Wort gibt es nicht. Wasch jetzt deine Hände.«
Der Blondschopf rührt sich nicht von der Stelle, betrachtet eingehend die dreckigen Fingernägel an seiner rechten Hand: »Ich glaub' übrigens, du kriegst sowieso kein Kind.«
Zornig schaue ich ihn an. Das rührt ihn wenig: »Ich will auch überhaupt keinen Bruder. Und 'ne Schwester erst recht nicht.« Bissig fügt er hinzu: »Von dir.«

»Rucke di guh! Stiefmutter bleibst du!«

Ich beiße die Zähne zusammen: »Hände waschen.« Er prüft eingehend seine linke Hand: »Ja, ja, ja. Gleich.«
»Jetzt.«
Mit einem Satz springt er vom Schrank, fegt Salat und Schüssel auf den Fußboden: »Das ist nur, weil du immer so drängelst...«
»Verdammt, Tim! Hilf mir gefälligst, das sauberzumachen.«
»Ich denke, ich soll Hände waschen.« Das Kerlchen macht Anstalten zu gehen.
»Du bleibst hier.«
Ich packe ihn am Arm. Er will sich losreißen. Ich schlage zu. Nicht besonders fest. Aber eine Ohrfeige. Entsetzt sehen wir uns einige Sekunden an. Der Kleine dreht sich um, marschiert wortlos in sein Zimmer. Ich sinke neben den Salat auf den Fußboden. Jetzt ist alles aus. Vorbei. Endgültig versagt. Gescheitert.

»Brüderchen nahm sein Schwesterchen an der Hand und sprach: ›Die Stiefmutter schlägt uns alle Tage, und wenn wir zu ihr kommen, stößt sie uns mit den Füßen fort. Daß Gott erbarm, wenn das unsere Mutter wüßte.‹«

Nach einer Weile pirsche ich mich in Tims Zimmer. Er liegt in seinem Bett, ganz dicht an der Wand. Hat sich die Decke über den Kopf gezogen und gibt keinen Ton von sich. »Tim, ich wollte dich nicht schlagen. Wirklich nicht. Es tut mir leid.« Keine Reaktion. Wie ein geprügelter Hund schleiche ich davon. Spüle den Salat die Toilette hinunter und würde am liebsten hinterherhüpfen.
Axel findet zu später Stunde wieder einmal eine in Tränen aufgelöste Lene vor. Seine liebevollen Versuche, mich zu trösten, erreichen mich nicht. Er kann nicht verstehen, daß für mich heute abend ein Alptraum wahr geworden ist. Ich habe Tim geschlagen. Ich bin die böse Stiefmutter.

»Da warnten es die guten Zwerglein und sprachen: ›Hüte dich vor deiner Stiefmutter!‹«

Am nächsten Tag

»Wie ging's ihm?« ist meine erste Frage, als Axel zurückkehrt, nachdem er Tim bei Thea abgeliefert hat. »Gut. Wie immer. Er hat nichts von eurem Streit gesagt. Du siehst übrigens schrecklich aus.« Ich weiß. Ich habe kaum geschlafen, und die beiden Täubchen, die vor meinem Fenster wachten, machten es mit ihrem

»Rucke di guh! Rucke di guh!«

nicht besser.
»Meinst du nicht«, fragt Axel, »daß du die ganze Sache überbewertest? Du hast einfach die Fassung verloren. Das kann jedem passieren. Jedem Vater. Jeder Mutter.«
»Mag sein. Nur, einer Stiefmutter darf so etwas nicht ›passieren‹. Es ist genau das, wovor ich mich die ganzen Jahre gefürchtet habe.«
»Gut. Nun ist es passiert. Und ist es wirklich so schlimm?«
Ich denke ein paar Sekunden nach: »Ja. Viel schlimmer. So, als wenn ich einen Traum zerstört habe.«
Axel gibt sich Mühe – aber er versteht mich nicht.

»›Die Menschen haben diese Wahrheit vergessen‹, sagt der Fuchs, ›aber du darfst sie nicht vergessen, du bist zeitlebens für das verantwortlich, was du dir vertraut gemacht hast, du bist für deine Rose verantwortlich.‹«

Sonntag abend

Pünktlich um 18 Uhr klingelt es. Tim steht in der Tür: »Wo is'n Axel?«
»Der muß arbeiten. Hallo, Tim. Wie war dein Wochenende?«
»Ganz toll. Supertoll. Und deins?«
»Sehr mies. Ich...«, bevor ich meinen Satz zu Ende bringen kann, marschiert er ins Wohnzimmer ein. Wie Napoleon nach seiner siegreichsten Schlacht sieht er aus. Baut sich vor dem Fenster auf. Nimmt seine Muthaltung ein: »Was gibt es denn zu essen? Ach ja, übrigens...«, er starrt angestrengt aus dem Fenster, als ob der Feind ihn doch noch in einen

Hinterhalt locken wollte, »du darfst mich überhaupt gar nicht schlagen.« Kleine Kunstpause. »Sagt Thea. Ich brauche mir das auch nicht gefallen zu lassen. Und beim nächsten Mal, sagt Thea...«
»Tim, es tut mir leid, daß ich dich geschlagen habe. Erwachsene sollten Kinder grundsätzlich nicht schlagen. Egal, ob und wie sie miteinander verwandt sind.« Das Kind ist aber noch nicht fertig: »Thea sagt, du hast mir überhaupt nichts zu sagen, und dann hat sie noch gesagt...«
»Tim, wenn Thea meint, mir etwas zu sagen zu haben, sollte sie das auch tun. Nur, dann sollte sie auch mit mir reden und nicht mit dir. Verstehst du?« Klein-Napoleon durchmißt mit großen Schritten das Zimmer. Die Stirn in tiefe Falten gelegt. Abrupt bleibt er stehen.
»Gut. Dann rufe ich sie an. Und dann wird sie dir schon sagen, daß du mir nichts zu sagen hast.«
»Wenn du meinst – ruf sie an. Du wirst wohl nur noch ein Weilchen warten müssen, bis sie wieder zu Hause eingetroffen ist.« Entschlossen baut sich der Feldherr vor dem Telefon auf. »Wollen wir inzwischen essen?« Er schüttelt energisch den Kopf, weicht nicht von der Stelle. Auch ich bin unfähig, mich zu rühren. Als ob ich auf mein Urteil warten müßte. Die Szene ist bühnenreif.

»Der König ließ ein solches Faß holen und die böse Stiefmutter hineinstecken; dann wurde der Boden zugehämmert und das Faß bergab gekollert, bis es in den Fluß rollte und versank.«

Endlich hat er seine Mutter an der Strippe: »Ich wollte nur, daß du ihr jetzt sagst, daß sie mir nichts zu sagen hat.« Gemurmel am anderen Ende. Tim ballt die Faust: »Natürlich hast du das gesagt. Als du in der Küche warst und Brot geschnitten hast. Gestern abend. Bevor wir gegessen haben. Da hast du gesagt, sie hat mir nichts zu sagen. Überhaupt nichts, hast du sogar gesagt.« Unwillig hört Tim Thea zu. »Hast du doch.« Und dann: »Die sitzt hier.« Er reicht mir den Hörer.
Thea lacht nervös am anderen Ende: »Ich glaube, Tim hat da etwas falsch verstanden.«
»Ja?«

»Ich halte nur überhaupt nichts davon, wenn man Kinder prügelt.«
»Ich auch nicht. Ich habe auch noch nie ein Kind ›geprügelt‹.«
»Ja, das ist eben eine Frage der Selbstbeherrschung.«
Die mich bei diesen Worten wirklich fast verläßt.
»Eventuell«, so Thea, »sind Sie ja von der Situation mit dem Kind auch einfach überfordert.«
Jetzt reicht es mir: »Nicht mehr überfordert als Sie«, gebe ich genauso freundlich zurück.

»Der Bösewicht verstellt sich oft, aber an seiner rauhen Stimme und an seinen schwarzen Füßen werdet ihr ihn erkennen.«

»Vielleicht«, meint Thea nach kurzer Pause, »sollten wir doch noch mal das Jugendamt bemühen.«
»Vielleicht sollten wir das.«
Kaum habe ich den Hörer aufgelegt, kann ich meine Tränen nicht länger zurückhalten. Hat sie etwa doch recht? Bin ich wirklich überfordert, fehl am Platz? Habe ich überhaupt einen Platz in dieser Familie? Wer bin ich? Für mich? Für Tim? Für Axel?
»Ich habe Hunger«, verkündet Tim vernehmlich.
»Und ich bin traurig.«
Das Kind zeigt sich großzügig: »Du mußt mich eben einfach nicht mehr hauen. Dann mußt du auch nicht traurig sein. Oder...«, es nähert sich mir zögernd, sieht mich ernsthaft an: »...oder, wenn du wieder mal haust, dann schlage ich dich auch. Dann sind wir quitt. Kann ich jetzt etwas zu essen haben?«
Später am Abend, als ich Tim schon längst im Schlaf wähne, sehe ich noch mal nach ihm. Aber der Kleine ist noch nicht fürs Traumland bereit. Zwar hat er die Augen geschlossen, aber er sieht mit dem Herzen: »Ich wollt' dir nur sagen«, klingt es dumpf aus den Kissen, »Thea hat mich auch schon mal gehauen. Viel doller. Das war, bevor sie sich geschieden haben.«
Er dreht sich zu mir um: »Aber ihr scheidet euch nicht, nech?«
Ich nehme den kleinen Feldherrn fest in den Arm: »Nein,

Tim, wir haben nicht vor, uns zu trennen. Es ist wohl nur so, daß es mir im Moment ziemlich schlecht geht.«
»So wie Bauchweh im Kopf?«
Bauchweh im Kopf – ja, so könnte man es wohl nennen. Oder Kopfweh im Bauch? Ich muß lachen. »So ungefähr. Kannst du denn jetzt schlafen?«
»Mhm. Hier, ich leih' dir Teddy Mecki für heute nacht. Dann geht dein Bauchweh bestimmt weg.«
Bevor ich seine Tür schließe, will er noch wissen: »Lene, hast du mich lieb?«
»Ja, Tim. Ich hab' dich lieb.«
»Gut.«

»Es war einmal eine alte Geiß, die hatte sieben junge Geißlein und hatte sie lieb, wie nur eine Mutter ihre Kinder lieb hat.«

Juni/Juli '89

Was läuft schief? Was mache ich verkehrt?
So wie die Frau in der Waschmittelreklame stelle ich mich in den nächsten Wochen immer wieder neben mich. Beobachte dieses Ich, das mir so wohlvertraut und doch so fremd ist.

»Rucke di guh! Rucke di guh! Stiefmutter bist du!«

Ja, aber nicht nur. Wo sind die anderen Teile abgeblieben? Die Liebende und die Geliebte, die Feministin, die Freundin, die Journalistin? Ich entdecke nur Bruchstücke, die immer wieder durchschimmern. Aber wie füge ich sie zusammen? Zu einem harmonischen Ganzen? Unwirsch verscheuche ich die beiden Täubchen von meiner Fensterbank. Sie haben sich viel zu breitgemacht und mir die Sicht versperrt. Nach draußen. Und nach drinnen.

»Die böse Stiefmutter aber war eine Hexe...«

Juli '89

»Ich habe für drei Wochen ein Ferienhaus an der Nordsee gemietet«, erzählt Verena bei unserem nächsten Stiefmüttertreffen. »Ich brauche Abstand vom harten Stiefmutteralltag. Und du auch. Fahr doch einfach mit.«
Fahr doch einfach mit???
Axel sieht mich entgeistert an: »Und was soll das nützen? Und dann gleich drei Wochen?«
»Ich kann dir nicht versprechen, ob es etwas ›nützt‹. Ich fühle nur, daß es mir guttun würde. Tim hat ja Ferien und ist mit Thea in Österreich. Wir hatten auch nichts Besonderes vor. Ich glaube, es ist einfach Zeit für mich, einmal allein zu sein.«
Axel behagt die Idee ganz und gar nicht. Aber nachdem ich mich einmal dazu durchgerungen habe, bleibe ich dabei. »Kommst du denn auch zurück?« will er eines Abends wissen.
»Vermutlich nicht so, wie ich wegfahre. Ich merke, daß ich einiges ändern muß. Aber im Moment ist das alles noch sehr vage. Vielleicht komme ich ja meinem Bauchweh im Kopf ein Stück näher!«

»Dann sagt der Fuchs noch: ›Die Zeit, die du für deine Rose verloren hast, macht deine Rose so wichtig.‹«

Anfang August '89

Es klingelt. Verena steht vor der Tür, um mich abzuholen. Axel und Tim begleiten mich zum Auto. Uns allen dreien ist das Weinen in diesem Moment näher als das Lachen. »Bringste mir auch was Schönes mit?« fragt Tim. »Mir auch«, fügt Axel leise hinzu und sieht mich lange an.

»Die Zeit, die du für deine Rose verloren hast, macht deine Rose so wichtig.«

Meine beiden Männer winken mir nach.
Mir, Lene, im August '89, fünf Jahre Stiefmutter. Und was werde ich mitbringen?

Das sechste Jahr

Drei Wochen im August ’89

Blauer Himmel, blaues Meer – in Gedanken und Vergangenheit versunken, stapfe ich neben Verena am Strand entlang. »Na«, meint die Fünfundvierzigjährige und schaut mich von der Seite an, »fällt dir wohl ganz schön schwer, zum ersten Mal ohne deine Familie zu reisen?«
Sie hat recht. Mich plagt auch eine vage Angst, was bei diesem Experiment wohl herauskommen mag. Vielleicht, daß ich gar nicht wieder zurückkehren will?

»Sie gingen die ganze Nacht und noch einen Tag vom Morgen bis zum Abend, aber sie kamen aus dem großen Wald nicht heraus.«

»Wie alt bist du jetzt? Zweiunddreißig? Da habe ich dir fünfzehn Stiefmutterjahre voraus.« Verena, Lehrerin, damals Ende Zwanzig, ledige Mutter, zog ihrer vierjährigen Tochter zuliebe aufs Land. Verliebte sich in den seit einem knappen Jahr verwitweten Pastor. Für ihn suchte die gesamte Gemeinde eine neue Frau. Vor allem aber: eine Mutter für seine beiden kleinen Kinder. Verena ließ sich gern ausgucken, heiraten – und saß in der Falle. Reinhards verstorbene Frau wurde von allen vergöttert. Fast wie eine Heilige. Perfekte Pfarrfrau, perfekte Ehefrau, perfekte Mutter. Überall im Haus standen ihre gerahmten Fotos. Ein Schatten, gegen den Verena nicht antreten konnte. Glaubte sie. Zweifelte an sich. Verzweifelte. Jeden Tag ein bißchen mehr.
Als sie überzeugt war, am Tiefpunkt angekommen zu sein, wurde sie schwanger. Ungewollt. Verena konnte kein weiteres Kind versorgen, hatte eine Fehlgeburt – und begann zu kämpfen. Um ihr eigenes Überleben. Um ihre Familie. Die Flickenteppichsippe, wie sie sie gern nennt. Die beiden gingen zur Eheberatung. Wechselten den Wohnort, Reinhard ließ sich versetzen. Verena kehrte in ihren Beruf zurück, gab das Pfarrfrauenideal auf. »Irgendwann«, sagte sie, »akzeptierten Reinhards Kinder mich schließlich. Als ihre Stief-

mutter. Nie als Mutter. Damit kann ich inzwischen gut leben. Wir haben uns zusammengerauft. Mögen uns heute sogar. Und das ist doch eine ganze Menge!«
Eine ganze Menge. Sicher, aber würde mir das ausreichen? Was erwarte ich? Ich denke an Tim. Bauchweh im Kopf, hat er mein inneres Durcheinander so treffend genannt. Vielleicht sollte ich es mal ohne Kopf versuchen. »Nur zu«, ermuntert mich Verena. »Erinnere dich an unser Stiefmütterseminar: ›Auch Stiefmütter haben das Recht und die Pflicht, ein eigenes Leben zu führen.‹«

»Rucke di guh, rucke di guh, Stiefmutter bist du.«

Die beiden Täubchen, die am Horizont ihre Kreise ziehen, sind verführerisch. Ich habe sie lange gebraucht. Als Mahner. Als Schutzwall: Stiefmutter bin ich, mehr kann ich nicht sein! Aber jetzt wird es Zeit, daß sie Platz machen. Daß ich mich nicht länger hinter ihnen verstecke. Mir die Sicht versperren lasse.

»Die Hexe aber wurde ins Feuer gelegt und mußte jammervoll verbrennen.«

Für den Rest des Urlaubs klammern wir den Stief-Mutter-Komplex bewußt aus. Unternehmen einiges gemeinsam, aber auch sehr viel getrennt. Beide brauchen wir das Alleinsein. Ich melde mich in einer Laufschule an. Lerne joggen. Etwas, was ich schon immer mal probieren wollte, mir aber nie zugetraut hatte. Die Strecken werden von Tag zu Tag länger. Die Angst, nicht laufen zu können, sitzt ganz allein im Kopf. Nicht in den Beinen. Ich laufe. Nach drei Wochen schaffe ich sechs Kilometer. Und weiß, daß ich mich steigern kann. In jeder Beziehung!

Ende August '89

Einen Tag vor Tim kehre ich nach Hause zurück. Immer noch mit leichtem »Bauchweh im Kopf«. Mit der leisen Angst, mich im Alltag wieder ganz zu verlieren, erneut hinter den beiden Täubchen Schutz zu suchen. Axel und ich reden die halbe Nacht. Mein Liebster bestärkt mich in meinem Vorsatz, einen anderen Weg auszuprobieren.

»Mach mal«, meint er. »Es ist Zeit. Du schaffst das. Und wir auch.« Er nimmt mich in den Arm und fügt lächelnd hinzu: »Sieh mich doch als Fels in der Brandung. An den du dich anlehnen kannst, während du deine neue Persönlichkeit aufbaust.« So hoch wollte ich das Ganze ja nun auch nicht gleich hängen. Aber – wieso eigentlich nicht?
Mach mal! Ich versuch's.

Ein strahlender Tim fällt uns am nächsten Morgen in die Arme. »Ich hatte ganz doll Heimweh«, erzählt er, »nach meinem Bett.«
»Nach deinem Bett? Nicht nach uns?« will sein Vater wissen. »Nö, nach meinem Bett. Na ja, ich hab' dann schon manchmal gedacht, wie das ist, wenn ihr mich ins Bett bringt und so. Aber mein Bett hab' ich mehr vermißt als euch. Haste mir was mitgebracht?«
Eine große Muschel habe ich für den Neunjährigen. Er hält sie neugierig ans Ohr. »Ich höre das Meer rauschen«, verkündet er, »und hinter dem Rauschen höre ich noch was.«
»Was denn? Ich hab' nur das Meer gehört.«

»Man sieht nur mit dem Herzen gut, das Wesentliche ist für die Augen unsichtbar.«

»Ich höre Ria. Wie sie bellt. Weil sie mich vermißt.« Der Kleine atmet tief durch. »Habt ihr mich auch vermißt?«
»Und wie«, meint Axel. »Ich hab' mich ganz schön einsam gefühlt. Ohne dich und ohne Lene.«
Tim sieht mich forschend an: »Und du?«
Ich zögere einen Moment. Denke an Frau Hains Worte vor langer Zeit. Tim braucht klare Botschaften. Bloß keine zusätzlichen Verwirrspiele! Mir zittert etwas die Stimme: »Ich habe viel an dich gedacht. An dich, an Axel. Aber vermißt habe ich euch eigentlich nicht so sehr. Weißt du, ich habe es sehr genossen, mal ganz allein zu sein.«
Der Junge beobachtet mich immer noch: »Und jetzt? Willst du jetzt immer noch lieber alleine sein?« Ich sehe einen Schimmer von Panik in seinen Augen. »Jetzt bin ich zufrieden, wieder bei euch zu sein.«
»Und hast uns lieb«, stellt das Kerlchen fest.
»Na klar. Übrigens habe ich auch etwas gelernt in den drei

Wochen. Nämlich Joggen.« Tim ist begeistert. Läßt sich haarklein berichten, wie ich das Laufen gelernt habe. Noch am gleichen Nachmittag will er eine Probe meiner neuen Kunst. »Wie weit sind sechs Kilometer?« will er wissen. Axel schlägt die Umrundung des Stadtparks vor. Das Kind ist nicht mehr zu halten. Mein Protest, die Strecke sei mindestens sieben Kilometer lang, stößt auf taube Ohren. »Das schaffen wir schon.« Wir? Tim holt seinen roten Flitzer aus dem Keller, ich schlüpfe in die schnellen Schuhe. Auf geht's! »Los, Lene!« schreit er, als ich bei den letzten beiden Kilometern drohe, schlappzumachen. »Los, du schaffst es!«
Ich muß grinsen. Bestimmt, Tim. Ich schaffe es. Und du auch.

September/Oktober '89

Der Alltag hat uns wieder. Ganz bewußt nehme ich mir während der Woche »freie« Abende. Treffe mich mit Freundinnen, entdecke, daß es auch das Frauenzentrum noch gibt. Und mich. Die Wochenenden, die Tim bei Thea verbringt, versuchen Axel und ich konsequent zu nutzen. Wir machen Wanderungen, Radtouren, übernachten mitunter in kleinen Hotels. Für die eine Woche dauernden Herbstferien, die Tim mit Thea verleben will, planen wir eine Radfahrt durch Österreich. »Was?« entrüstet sich das Kind. »Und ich?«
»Du bist doch bei Thea.«
»Trotzdem. Das finde ich ganz fies von euch. Wenn ich dann nämlich krank werde und ihr nicht da seid...« Empört sieht der Zwerg uns an: Rabeneltern! steht in seinen Augen.
»Tim«, erklärt Axel ihm, »es ist völlig normal, daß Eltern auch mal etwas ohne ihre Kinder unternehmen.«
»Finde ich überhaupt nicht normal. Und wenn ich Fieber kriege? Und Bauchweh? Und Durchfall?« Sorgenvoll sieht er uns an, kommt zum absoluten Höhepunkt seiner Aufzählung: »Und wenn ich spucken muß?«
»Dann spuckst du bei Thea«, antwortet sein Rabenvater. »Außerdem warst du im Sommer drei Wochen lang ohne uns unterwegs. Ohne krank zu werden.«
»Wenn ich jetzt aber doch krank werde?«

»Wirst du aber nicht.« Die beiden Dickschädel starren sich an: »Wenn aber doch...« Fieberhaft sucht der Blondschopf nach überzeugenden Argumenten. Und wird fündig: »Thea weiß ja gar nicht die Adresse von unserem neuen Doktor.«
Ich schalte mich ein: »Die sagen wir ihr schon noch. Du brauchst aber wirklich keine Angst zu haben. Wir kommen ganz bestimmt zurück.«
»Ich will aber nicht, daß ihr ohne mich fahrt.« Sorry, Tim. Du wirst dich daran gewöhnen müssen. Wir sind nicht nur Eltern! Laut sage ich: »Wir telefonieren auch mit dir.«
»Jeden Abend?« Wir einigen uns schließlich auf jeden zweiten. Und ein Geschenk. Vielleicht auch zwei, hofft der Schlaukopf. Weil Österreich ist ja ganz schön weit weg.

Eine Woche im Oktober '89

Ausgelassen strampeln wir von Salzburg nach Passau, dann immer an der Donau längs Richtung Wien. Wir radeln uns den Alltag von Leib und Seele. Jeden Kilometer ein Stück mehr. Natürlich unterhalten wir uns auch immer wieder über Tim, doch er ist nicht mehr – wie früher – Mittelpunkt unserer Gespräche.
So, wie wir die Landschaft links und rechts des Flusses erforschen, entdecken wir auch an uns Seiten, die wir bisher aneinander kaum oder gar nicht wahrgenommen haben. Wir sind nicht mehr nur Eltern, sondern auch Partner. Mit vielen Gemeinsamkeiten und noch mehr Unterschieden – mit denen wir zusammen leben lernen wollen. Irgendwann erreichen wir ein völlig verregnetes Wien und gönnen uns ein superteures Hotelzimmer. »Wohl Flitterwochen per Fahrrad«, schmunzelt der Empfangschef. Wir lassen ihn gern in dem Glauben.

November '89

Tim nimmt übel. So schnell ist er nicht bereit zu verzeihen, daß wir ihn eine Woche lang allein gelassen haben. Im Stich gelassen. Bei seiner Mutter. Aber die spielt keine Rolle in diesem Teil des Stückes. Diesmal sind wir weggegangen,

und wieder einmal straft Tim sich selbst. Pünktlich mit unserer Rückkehr erwischt ihn ein Magen- und Darmvirus. Zum Kotzen! Und das heftig. Kaum ist er wieder auf den Beinen, bekommt er Scharlach. Zum dritten Mal? Zum vierten Mal? Der anthroposophische Kinderarzt, dem wir uns inzwischen anvertraut haben, verschreibt ein paar weiße Kügelchen und jede Menge Bettruhe. Mehr Bett und Ruhe, als Tim sich vorzustellen vermochte.
Irgendwie versagt seine Fähigkeit, uns Erwachsene durch seine Krankheit an sein Kinderseelchen zu fesseln – diesmal. Axel und ich können beide keinen Krankenurlaub nehmen. Als der Kleine das Schlimmste überstanden hat, müssen wir ihn jeden Tag ein paar Stunden allein lassen. Mit der strikten Anweisung, im Bett zu bleiben. Was für eine Krankheit! Auch Thea kommt nicht. Sie ruft ab und zu an, für einen Besuch reicht es aber nicht.
Ach, Tim, dein alter Zauber wirkt nicht mehr. Es ist an der Zeit, gesund zu werden. Der Junge greift auf sein zweites Zaubermittel zurück. Er geht hinter seine Wand. Verweigert sich. Mehr und mehr fixiert sich der Neunjährige auf tragische Rollen, spielt den Unverstandenen. »Ich hab' keinen Bock.« Keinen Bock, mit anderen Kindern zu spielen. Keinen Bock, aufzuräumen. Und schon überhaupt keinen Bock, zur Schule zu gehen. Tim bringt seine erste Fünf mit nach Hause: »Ich hatte eben keinen Bock.« Ein Anruf vom Kinderhort: Tim isoliere sich von den anderen Kindern. Sei aggressiv. Würde häufig durch negative Aktivitäten auffallen.

Ein Gespräch im November '89

»Tim, was ist los mit dir?«
»Was soll schon los sein. Nix.«
Mit festverschränkten Armen sitzt er auf seinem Stuhl, die Stirn in tiefe Falten gelegt. Ist sehr darum bemüht, an uns vorbei ins Leere zu starren. Axel versucht, sanft auf seinen Sohn einzureden: »Hör mal, wir merken doch, daß dich etwas quält. Frau Rode merkt es in der Schule, und auch im Hort gibt es Probleme.«
»Ich hab' eben einfach keinen Bock. Zu gar nichts. Kann ich

jetzt gehen?« Axels entschiedenes »Nein« hat jetzt den gleichen gereizten Tonfall wie Tims Null-Bock-Gerede. »Mein Sohn, das ist hier kein Kasperltheater. Ich erwarte eine vernünftige Antwort. Irgend etwas stimmt mit dir nicht. Und das schon seit geraumer Zeit. Lene und ich möchten gern wissen, was das ist.«

Tim beißt sich fest auf die Lippen. In seinen Augen schimmern Tränen. Tränen der Wut? Seine Stimme überschlägt sich fast, als er jetzt loslegt. »Ich will einfach nur meine Ruhe haben. Nie kann man hier seine Ruhe haben. Und außerdem hab' ich keinen Bock, mit euch zu reden und so...«

»Wie meinst du das ›und so‹?« Der Kleinegroße steckt seine geballten Fäuste in die Tasche, dreht uns den Rücken zu und schluchzt: »Ich hab' eben keinen Bock mehr auf euch.« Man könnte eine Stecknadel fallen hören, so still ist es. Axel und ich sehen uns an. Schweigen. Nach einer langen Weile dreht das Kind sich langsam um. Sucht Blickkontakt. »Ich will«, schluchzt es, »ich will zu Thea.«

»Du möchtest bei Thea wohnen?« vergewisserte ich mich. Vor meinen Augen schrumpft der Neunjährige, bis er wieder fünf Jahre alt ist: »Ich will zu meiner Mama.« Er nimmt all seinen Mut zusammen: »Ich wohn' jetzt schon so lange bei euch. Fast mein ganzes Leben. Und ihr seid immer jetzt zu zweit. Und Thea ist ganz allein...«

Ja. Jetzt sind wir zu zweit. Tim spürt, daß sich Axels und meine Beziehung verändert hat. Wir bilden plötzlich sehr viel stärker eine Einheit. Etwas, was er noch nie erlebt hat. Weder bei uns noch früher bei Axel und Thea.

»Ich finde«, sagt Axel nach kurzem Nachdenken, »wir sollten da mal alle zusammen mit Thea drüber reden. Was meint ihr?« Noch während ich nicke, flüchtet sich Klein-Timmy auf meinen Schoß. »Kann ich eine Wärmflasche für meinen Kopf haben?« weint er. »Eine Wärmflasche für deinen Kopf?«

»Ja. Ich hab' so Bauchweh im Kopf.«

Ein Sonntagnachmittag, Ende November '89

Es klingelt. Thea bringt Tim zurück. Gemeinsam setzen wir uns an den Eßtisch. Ich bin nervös. Wie immer, wenn ich Thea gegenübersitze. Sie ist es auch. Raucht fahrig eine Zigarette. »Na, was habt ihr denn für ein großes Geheimnis?« versucht sie zu scherzen. Offensichtlich hat Tim ihr nichts weiter gesagt, als daß wir zusammen reden sollten. Tim sitzt mir gegenüber, malt eifrig imaginäre Kreise auf die Tischplatte. Thea am einen Kopfende des Tisches zündet sich ihre zweite Zigarette an, Axel, am anderen, tut es ihr nach.
An diesem Tisch ist genügend Sprengstoff versammelt, um die halbe Stadt in die Luft zu jagen, schießt es mir durch den Kopf. Aber halt, es geht hier nur um das Kind! Und das macht keinerlei Anstalten, das Gespräch zu beginnen. Zieht weiter eifrig seine Kreise, während sein Vater genauso eifrig Ringe in die Luft bläst. »Tim hat da ein Problem«, beginne ich.
Thea lächelt ihn an. Ein wenig überrascht: »Davon hast du mir gar nichts gesagt.« Und dann in meine Richtung: »Eigentlich hat er nämlich überhaupt keine Geheimnisse vor mir.« Mir fällt unser letztes Gespräch ein. Am Telefon. Sie drohte mit dem Jugendamt. Schon fällt es mir schwer, die freundliche Fassade zu wahren.
Tim ist inzwischen dazu übergegangen, die nicht vorhandenen Kreise mit dicken Balken wieder durchzustreichen. Dabei beißt er sich fest auf seine Lippen. »So, Tim«, sagt Axel freundlich, aber bestimmt, »jetzt erzähl einfach mal, was du möchtest.«
Drei Erwachsene und ein Neunjähriger. Der nimmt seine Muthaltung ein: »Ich möchte«, seine Stimme klingt erstaunlich fest, »jetzt gern bei dir wohnen.« Thea verschluckt sich am inhalierten Rauch. Ihr Lächeln ist für ein paar Sekunden wie fortgewischt. »Bei mir?« vergewissert sie sich ungläubig. Der Kleine nickt, ohne sie anzusehen. »Aber, Tim«, sie hat sich schnell gefangen, »das geht doch gar nicht. Ich wohne doch viel zu weit weg.«
»Nicht weiter als jetzt«, argumentiert ihr Sohn. »Und eine Schule gibt es bei dir auch.«
»Ja, sicher. Nur, ich muß doch immer arbeiten.«

Er läßt sich überhaupt nicht beeindrucken. »Lene und Axel müssen auch arbeiten. Und ich bin schon ganz schön selbstständlich.« Selbstverständlich und selbständig, denke ich. Thea wendet sich an Axel: »Habt ihr denn Probleme miteinander? Ich meine, mich überrascht das jetzt, weil Tim doch, also eigentlich glaubte ich immer, er sei bei euch gut untergebracht?« Doch ihr Sohn läßt sich das Gespräch nicht mehr aus der Hand nehmen: »Ich will einfach nur mal bei dir wohnen. Ein paar Jahre oder so...«
»Ein paar Jahre«, echot seine Mutter und zündet sich eine neue Zigarette an. »Du hast aber hier doch all deine Freunde. Und einen Judoverein gibt es bei mir bestimmt auch nicht... Warum hast du mir denn nie erzählt, daß du zu mir willst?«

»Man sieht nur mit dem Herzen gut, das Wesentliche ist für die Augen unsichtbar.«

Ich spüre Tims Enttäuschung wie eine Lawine auf mich zukommen. Wie kann sie nur so blind sein und von einem Vertrauensverhältnis zu ihrem Sohn sprechen? Entsprechend schneidend klingt meine Stimme jetzt: »Vielleicht hat er sich nicht getraut.«
Die Spannung am Tisch wächst. Tim kämpft mit seinen Kreisen. Kämpft mit sich. Ganz allein sitzt er dort an seinem Tischende. Kommt denn niemand auf die Idee, ihn mal in den Arm zu nehmen, denke ich und kann mich selbst nicht rühren.

»Bleibt nur hier, ich will schon allein mit den Riesen fertigwerden.«

Thea sieht mich kurz an. Kann oder will sie immer noch nicht verstehen: »Aber, Tim, warum möchtest du denn jetzt zu mir?« Ich balle meine Fäuste. Atme tief ein. Axel wirft mir einen warnenden Blick zu. Und, denke ich, warum soll ich ihr nicht sagen, was ich fühle? Ihr meine Wut endlich einmal an den Kopf werfen. Die Wut, daß ich Stiefmutter bin und sie Mutter?

»Rucke di guh, rucke di guh...«

Das Kind unterbricht meine gedanklichen Purzelbäume: »Am liebsten möchte ich, daß wir alle zusammen hier wohnen. Aber das geht nicht.«
»Nein, das geht nicht«, wiederholen Thea und ich sofort unisono. In dem Punkt sind wir uns absolut einig.
»Und am zweitliebsten möchte ich bei euch abwechselnd wohnen. Einen Tag bei meinen Eltern und einen Tag bei dir.« Thea schweigt, spielt mit ihrem Feuerzeug. Ich starre sie an. Nun muß sie doch endlich Stellung beziehen. Tim gibt den Kampf auf. Seine Tränen fangen an zu rollen: »Und am drittliebsten möchte ich dann jedes Wochenende zu dir. Und nicht nur alle zwei Wochen oder so...«
Auch Thea weint: »Aber, Tim, ich dachte immer, es geht dir gut, und ich bin gar nicht mehr so wichtig. Eigentlich ist doch Lene jetzt deine Mutter. Was machen wir denn nun bloß?«
Nicht mehr so wichtig? Glaubt sie das wirklich? Ist es das, Tim, frage ich mich leise. Hast du gespürt, daß sich deine Mutter von dir entfernt? So, wie du dich auch von ihr? Ist es ein letztes Festhaltenwollen?
»Tim hat immer große Sehnsucht nach dir gehabt«, erklärt Axel seiner weinenden Exfrau. »Sie sind seine Mutter«, füge ich hinzu. Hat sie das tatsächlich vergessen? Mußte sie es vergessen, um die Trennung von ihrem Sohn zu ertragen? Warum ist sie dann nicht endgültig verschwunden? Ich möchte sie schütteln.
»Magst du auf meinen Schoß kommen?« frage ich statt dessen Tim. Er nickt. Thea weint alle Tränen der vergangenen Jahre. Ihre Hilflosigkeit ist ansteckend. Ratlos sehe ich Axel an, während Tims pragmatische Natur auf meinem Schoß wieder die Oberhand gewinnt: »Wir können ja einfach Frau Hain fragen«, schlägt er vor.

»Ich will schon allein mit den Riesen fertig werden.«

Thea stimmt zögernd zu. Verläßt uns dann sehr eilig. Noch immer weinend.

»›Die Menschen haben diese Wahrheit vergessen‹, sagt der Fuchs, ›aber du darfst sie nicht vergessen, du bist zeitlebens für das verantwortlich, was du dir vertraut gemacht hast, du bist für deine Rose verantwortlich.‹«

Dezember '89

Tims Spieltherapie bei Frau Hain geht dem Ende zu. Die Psychologin ist zufrieden mit seiner Entwicklung. Während wir Erwachsenen wieder einmal nicht wissen, wie es weitergehen soll, bescheinigt sie Tim Durchsetzungsvermögen und eine gewisse Stabilität. Er beginnt, seine innere Zwangsjacke abzulegen. Zumindest aufzuknöpfen. Der Szenokasten steht in der Ecke, die Erwachsenen sind schon längst entlassen, auch die Polizei hat er abgezogen.
Für uns drei Eltern ist das Wesentliche im Moment wohl unsichtbar. Vielleicht, weil wir zu sehr in unseren eigenen Zwängen gefangen sind und nicht mit den Herzen sehen können? Oder wollen?
Der gemeinsame Gesprächstermin bei Frau Hain macht mir angst. Ich weiß nicht, weshalb. Axel gibt ein unangenehmes Gefühl zu. Thea sucht Frau Hain sogar vor unserem Treffen noch einmal allein auf. Ihr muß der Schreck in die Glieder gefahren sein. Der Schreck, daß ihr Sohn sie nicht aus ihrer mütterlichen Verantwortung entlassen will? Uns alle nicht entläßt?

Ein Mittwoch im Dezember '89

Es ist wie in einer dieser psychologischen Gesprächsrunden im Fernsehen. Wir sitzen im Kreis, Frau Hain schenkt uns ihr freundlich-ermunterndes Therapeutenlächeln. Tim wandelt seine Nervosität in Bewegung um. Holt sich erst etwas zu trinken, dann bittet er um Kekse. »Die sind gut gegen Bauchweh im Kopf«, erklärt er, wohl ahnend, wie uns zumute ist.
»Na, Tim«, ermuntert ihn Frau Hain, »das ist ja ganz schön ungewohnt für dich, Axel, Lene und Thea zusammen zu sehen. Oder?« Tim nickt zustimmend, stopft sich schnell einen zusätzlichen Keks in den Mund, was ihn von jeder weiteren Antwort befreit.
»Und so einfach ist das auch nicht«, fährt sie fort, »mit deinen beiden Müttern. Du hast mir ja erzählt, daß du immer die eine vermißt, wenn du bei der anderen bist. Und Thea und Lene geht es bestimmt ähnlich...« Tim unterbricht sie,

quetscht ein kurzes: »Eifersüchtig sind sie« hervor. Verblüfft sehe ich ihn an. »Du meinst, ich bin auf Thea eifersüchtig?«
Er würgt die letzten Keksreste herunter: »Das weiß ich. Das weiß ich in meinem Bauch. Und Thea ist es auch. Auf dich.«
Schon einmal, kurz nach unserer Heirat, hat der Kleine so treffend unsere gegenseitige Eifersucht analysiert. Damals war ich allein mit ihm und konnte sie zugeben. Aber jetzt?
Das Kind nutzt die Gunst der Stunde und bringt noch einmal seinen Herzenswunsch vor: »Wenn wir alle zusammen wohnen, müßt ihr nicht mehr eifersüchtig sein.« Wenn du wüßtest, denke ich und wage noch nicht einmal, mir die Situation auch nur annähernd auszumalen.
Betretenes Schweigen.
Der Kleine holt sich einen neuen Keks, lehnt sich an Frau Hains Sessel. Unter ihrem Schutz kann er das bis dahin Unaussprechliche in Worte fassen: »Vielleicht würdet ihr euch aber auch immer streiten. So wie früher.« Er blickt Thea und Axel an. »Als ihr immer um den runden Tisch gelaufen seid...«
Thea lachte: »Du, Tim, da verwechselst du aber etwas. Das haben wir nie gemacht.«
»Habt ihr doch. Und ganz laut geschrien habt ihr auch. Weil ich mein Essen nicht wollte. Und einmal seid ihr richtig aufeinander losgegangen...«
Thea: »Unsinn.«
Axel mischt sich leise und stockend ein: »Doch, er hat recht. Ich kann mich an die Szenen erinnern. Nur«, er wendet sich an seinen Sohn, »wir haben uns nicht deinetwegen gestritten. Bestimmt nicht. So, wie wir uns auch nicht deinetwegen getrennt haben.«
»Aber das weißt du doch, Tim«, sagt Thea.
Er schüttelt langsam den Kopf: »Ihr habt euch geschieden, weil ihr euch nicht mehr liebgehabt habt? Und dann hast du mich nicht mehr besucht. Weil...«
Der Satz bleibt in der Luft hängen. Thea weint: »Weil ich dachte, es sei besser für dich. Weil ich dachte, Lene ist jetzt deine Mutter. Und das ist doch auch so.«

Meine Beherrschung geht endgültig flöten. »Verdammt noch mal, Thea!« Meine Stimme überschlägt sich fast: »Sie wissen doch genau, daß ich nicht seine Mutter bin. Weil Sie es sind. Und bleiben. Lebenslang sozusagen. Aber was machen Sie? Je nachdem, wie es Ihnen in den Kram paßt, tauchen Sie wie Phönix aus der Asche wieder auf und spielen Mama. Pochen dann auf Ihre Mutterrechte.« Reiß dich zusammen, meine innere Stimme verschafft sich Gehör. Ich schlucke: »Es gab Zeiten, da habe ich mir nichts sehnlicher gewünscht, als Mutter für Tim zu sein. Inzwischen weiß ich, daß das völlig unrealistisch ist. Ich bin seine Stiefmutter. Und Sie sind nun mal Tims Mutter. Ob Ihnen das paßt oder nicht!«
Aus meinen Augenwinkeln sehe ich die beiden Täubchen draußen auf dem Fensterbrett sitzen, die gespannt zuhören. Tim flüchtet sich zu seinem Vater. Weint. Auch ich kann meine Tränen nicht länger zurückhalten: »Tim, ich hab' dich lieb. Aber ich bin nicht deine Mutter. Und werde es auch nie sein.«

»Rucke di guh, rucke di guh, Stiefmutter bist du!«

Er sieht uns nicht an. Tim, neun Jahre alt, zwei Mütter, und keine will sich zu ihm bekennen? O Gott.
Thea putzt sich die Nase, murmelt etwas von »Wortklaubereien«. Betont noch einmal meine Verantwortung, schließlich würde ich ja mit dem Kind den Alltag leben. Sie wirkt hilflos und schwach. Das macht meine Wut nur noch größer. O nein, so einfach kommst du nicht davon, denke ich und beiße mir die Lippen kaputt. Ich halte meinen Mund, um Tim nicht noch mehr zu verwirren.
Wir schweigen.
Axel wiegt den Kleinen in seinen Armen: »Thea und ich haben uns scheiden lssen. Uns beide! Damit haben wir uns aber nicht von dir scheiden lassen. Ich habe dich genauso lieb wie früher.«
»Daß ich dich liebe, weißt du doch auch«, fügt seine Mutter schnell hinzu. Woher soll er das wissen, würde ich sie am liebsten fragen.
Der Neunjährige schaut in die Luft: »Ich glaube, ich möchte jetzt nach Hause gehen.«

»Das kann ich verstehen«, mischt Frau Hain sich ein. »Kannst du dir denn vorstellen, jetzt doch erst mal bei Axel und Lene zu wohnen und später zu deiner Mutter zu ziehen? Vielleicht können wir jetzt ja gemeinsam eine Lösung finden, daß du Thea häufiger besuchen kannst? Was meinst du?« Tim holte sich einen neuen Keks. Setzt sich damit auf den Fußboden. Ob er uns jetzt alle zum Teufel wünscht? »Ich habe ja auch mein Bett zu Hause. Und das hat Axel ganz fest eingebaut. Und meine Kuscheltiere . . .«
Er möchte seine Mutter in Zukunft jedes Wochenende sehen. Wir einigen uns schließlich auf jedes zweite, aber dafür schon ab Freitagnachmittag bis Sonntagabend. Thea murmelt etwas von einem dringenden Termin. Wir vermeiden es, uns anzusehen, und sie geht schnell davon.
Frau Hain setzt sich zu Tim auf den Teppich: »Ich glaube, du kommst jetzt ganz schön gut klar. Wenn du möchtest, brauchen wir uns jetzt nicht mehr so oft zu sehen. Du kannst ja einfach anrufen, wenn du mich mal wieder besuchen willst.«
Tim zögert: »Aber nur, wenn du die Adresse aufschreibst.«
»Welche Adresse? Meine? Die weißt du doch.«
»Nein, die von deinen Keksen. Weil, wenn ich dann mal wieder Bauchweh habe, im Kopf oder so, dann kann Lene mir die kaufen. Dann geht's mir besser. Das war bei dir auch immer so.«
Den Zettel mit dem Namen der Kekse hütet Tim wie einen Schatz. Er steckt ihn in seinen Brustbeutel, zu dem Foto von Ria. Ich habe so eine Ahnung, als ob wir noch viele Pakete Bauchweh-im-Kopf-Kekse brauchen werden.

In der gleichen Nacht

Ein jammerndes Kind steht an unserem Bett, hält sich seine Ohren zu: »Ich habe solche Ohrenschmerzen.« O ja, Tim! Es war schon eine Menge, was du dir heute anhören mußtest. Kein Wunder, daß du nichts mehr hören magst. Die Wahrheit kann verdammt weh tun. Während ich ihm eine lauwarme Wärmflasche herrichte, die er haben will, fallen mir die Worte unseres Jesuitenpaters wieder ein:

»Sie sind zeitlebens füreinander verantwortlich, weil Sie sich gegenseitig vertraut gemacht haben, sich einander anvertraut haben.«

Dezember '89 bis März '90

Die Drei-Tage-Wochenenden, die Tim ausgehandelt hat, sind sein erster Schritt in die Selbständigkeit. Etwas, was ganz allein ihm gehört und uns nichts angeht. Den Rucksack mit Kleidung und Spielsachen packt er selbst: »Laß mal, ich mach' das schon allein.«
Wenn ich freitags nachmittags von der Arbeit nach Hause komme, hat Thea ihn meistens schon abgeholt. Ein merkwürdiges Gefühl! Nicht nur die Wohnung scheint plötzlich sehr leer zu sein. Systematisch beginne ich damit, sie und mich mit Leben zu füllen. Entdecke, was es außer Beruf und Stiefmutterdasein sonst noch so alles gibt. Aber es dauert schon einige Zeit, bis ich lerne, umzudenken.
Am Sonntagabend ist er wieder da: aufgedreht wie immer, wenn er von seiner Mutter kommt. Die Wochenenden sind »super« oder »toll« oder beides – mehr verrät er nicht. Teddy Mecki ist der einzige, der ihn auf den Wanderungen zwischen seinen zwei Welten begleiten darf. Irgendwann beginnt er damit, uns gleichermaßen haarsträubende wie blutrünstige Geschichten von Jagden zu erzählen. In Theas Bekanntenkreis gibt es einen Förster und Jäger, Udo, der den Kleinen öfter mal mit auf die Pirsch nimmt. Und wieder einmal geht die Phantasie mit ihm durch. Oft fällt es schwer, herauszuhören, was wahr und was Traum ist. Nach Tims Reden erlegt er nicht nur Hirsche und Rehe selber, sondern nimmt sie sogar noch aus. Mit einem geradezu klinischen Interesse beschreibt er sämtliche Eingeweide und läßt dabei seiner Vorstellungskraft freien Lauf... Tims Begeisterung ist grenzenlos. Auch Axel bekommt mit Udo plötzlich Konkurrenz, muß sich sagen lassen, daß er keine Ahnung vom Waidmannsleben hat. Und überhaupt...
Wir überlegen lange, ob wir Udo und seine Frau Bärbel kennenlernen sollten. Es macht uns doch etwas unruhig,

daß der Junge soviel Zeit bei Leuten verbringt, von denen wir nichts wissen. »Eigentlich möchten wir Udo und Bärbel auch einmal treffen«, sagt Axel zu seinem Sohn.
»Warum denn?«
»Na, du verbringst ja doch ganz schön viel Zeit bei ihnen. Wir möchten schon ganz gern wissen, bei wem du so bist.«
»Ich bin aber auch bei Thea. Und die kennt ihr ja schließlich. Und sie kennt Udo und Bärbel. Ich finde, das genügt. Weil, wenn ich bei Thea bin, ist sie ja für mich verantwortlich.« Das genügt aber wohl doch nicht. Seine Jagdgeschichten werden immer abenteuerlicher. Angeblich steht er morgens um drei Uhr auf, um sich in den Wald zu schleichen. Oder er berichtet von ganzen Nächten, die er dort verbringt. Mit Udo. Oder allein. Seinen Erzählungen nach könnte man meinen, er führe ein wildes Trapperleben im fernen Kanada. Nur Thea kommt in seinen Schilderungen immer weniger vor. Schließlich setzen wir uns doch mit ihr zusammen. Ohne Tim. Thea und ich sind beide sehr darum bemüht, sachlich zu bleiben. Ein Gespräch wie unter Geschäftspartnern. Sind wir das?
Wieder einmal fällt sie aus allen Wolken, als wir ihr von Tims »Abenteuern« erzählen. Hin und wieder würde er schon bei Udo und Bärbel übernachten, wenn sie etwas vorhabe. Dann sei er auch tagsüber mal da. Auf die Jagd sei er allerdings erst ein paarmal mitgenommen worden. Nur zum Beobachten. Und das auch nie nachts. Vielleicht, meint sie zögernd, verbringe er doch etwas zu viel Zeit vor dem Fernseher. Aber es sei eben auch nicht so einfach mit dem Kind in ihrer kleinen Wohnung...
Der Tatsache, daß der Alltag bei seiner Mutter genauso grau sein könnte wie bei uns, mag der Neunjährige immer noch nicht ins Auge sehen. Wenn die Welt bei ihr dann schon nicht so ist, wie er sie haben möchte, dann träumt er sie sich halt zurecht.

»Bist du ein tapferer Kerl«, sprach er und mußte selbst seine Tapferkeit bewundern, »das soll die ganze Stadt erfahren.« Und in aller Eile schnitt sich das Schneiderlein einen Gürtel

und stickte mit großen Buchstaben darauf: »Sieben auf einen Streich!«

Ende Februar '90

»In den Osterferien fahre ich nach Sardinien«, verkündet Tim beim Abendessen. »Und wie willst du da hinkommen?«
»Na, mit dem Auto natürlich.« Axel und ich halten das für einen Scherz. Wir sehen uns belustigt an: »Aha, mit dem Auto. Und du fährst, oder wie?«
Ein mitleidiger Blick von Tim: »Natürlich nicht. Ulrich fährt.« Mein Bruder? Stimmt, irgendwann hat er Tim mal eingeladen, mit ihnen zu verreisen. Wir haben allerdings nie geglaubt, daß der Kleine sich darauf einlassen würde. »Ich hab' heute mit Daniel telefoniert und entschieden, daß ich mit ihnen mitfahre.« Und jetzt doch etwas unsicher werdend: »Schließlich gehören die ja zu unserer Familie, nech? Und Daniel ist ja mein Cousin, oder so...«
Nachdem wir uns von unserer ersten Überraschung erholt haben, sind wir einverstanden, glauben allerdings noch immer, daß er im letzten Moment einen Rückzieher macht. Schließlich sind drei Wochen ganz schön lang. Aber Tim läßt sich nicht beirren. Bei uns habe er auch kein Heimweh. Und bei Thea nur manchmal nach seinem Bett. Und wie gesagt, außerdem sei das ja seine Verwandtschaft. Verwandtschaft! Immer noch fühlt er sich meiner Familie mehr verwandt als mir.

»Rucke di guh, rucke di guh, Stiefmutter bist du!«

Ab und zu ein Blitzanruf vom fernen Sardinien. Gut ginge es ihm, sie würden wandern und sogar surfen und im Zelt schlafen. Dann eine Postkarte: Lieber Axel, liebe Lene. Hier ist es ganz toll. Heute haben wir Rülpsen gelernt. Ulrich sagt, Ihr habt das früher auch gemacht. Und dann haben wir eine nackte Frau unter der Dusche gesehen. Jeden Tag spielen wir Fußball. Manchmal habe ich Heimweh. Ich hab' Euch lieb. Habt Ihr mich auch lieb? Euer lieber Tim.

April ’90

Ein braungebranntes Kind kommt zurück. So lebendig, wie wir es selten erlebt haben. Im Kopf hat es nur noch eines: Fußball!
»Ich möchte in den Fußballverein.« Axel ist entsetzt: »Alles. Aber nicht Fußball.«
»Ich möchte aber.«
»Nein. Ich möchte, daß du Klavierspielen lernst.«
»Fußball.«
»Nein.«
In den nächsten Wochen gibt es nur noch ein Gesprächsthema: Fußball! Der erste echte Machtkampf zwischen Vater und Sohn entbrennt. Axel versucht, ihn mit attraktiven Angeboten zu ködern. Geht mit ihm zur Musikschule. Wenn nicht Klavier, dann vielleicht Gitarre. Besorgt Prospekte über die Pfadfinder, schlägt ihm eine Umweltgruppe vor. Tennis, Schwimmverein. Alles, nur nicht das eine.
»Nein, Fußball.«
Vielleicht, meint Axel schließlich, würde sich das Thema von selbst erledigen. Wir sollten einfach nicht mehr darüber reden. Ihn ins Leere laufen lassen. Dann ließe sein Interesse bestimmt schnell nach.
Ach ja?
Eher amüsiert beobachte ich den Kampf zwischen David und Goliath. Bin mir nie ganz sicher, wer eigentlich wer ist. Merke auch, wie gut es mir tut, mich aus dieser Auseinandersetzung herauszuhalten und die beiden machen zu lassen.

Vier Wochen später

Tim überreicht Axel die Anmeldeformulare: »Hier, habe ich schon alles ausgefüllt. Du mußt nur noch unterschreiben. Ich hab’ dem Trainer auch gesagt, daß du Fußball nicht so magst. Einen Monat kann ich so mittrainieren. Aber dann mußt du unterschreiben.«
Tims feingeistiger Vater ist sichtlich erschüttert. Soviel Eigeninitiative hat er seinem Sohn dann doch nicht zugetraut. Er sieht richtig verzweifelt aus: »Tim, muß es wirklich

Fußball sein? Das ist für mich so wie für dich Sauerkraut essen.« Der Junge sieht ihn ernsthaft an: »Du mußt doch aber gar nicht mitspielen. Nur manchmal zugucken und mich anfeuern. Und vielleicht ab und zu mal fahren am Wochenende. Wenn wir Spiele haben. Mehr nicht.«
Spiele am Wochenende? Axel schöpft Hoffnung, fährt sein schwerstes Geschütz auf: »Und wie wird das mit deinen Besuchen bei Thea, wenn du am Wochenende spielen mußt?«
»Vielleicht fährt sie mich ja dann. Oder sonst...« Er zögert ein paar Sekunden, »... kann ich eben nicht zu ihr hin.« Mir bleibt die Luft weg. Ist das wirklich Tim? Für den es bis vor wenigen Monaten nichts Wichtigeres gab als die Besuche bei seiner Mutter?
»Weiß Thea das denn schon?« frage ich vorsichtig. »Nö. Ich dachte, vielleicht könnt ihr ja...« Axel schüttelt entschieden den Kopf. Das müsse er schon selbst klären, und wenn Thea einverstanden sei, dann würde er noch mal drüber nachdenken. Theas Begeisterung für das runde Leder ist genauso gering wie unsere. Das macht sie Tim auch klar. Nur, letztendlich läßt sie sich von ihm doch breitschlagen. Wie er das angestellt hat, erfahren wir nie.
Bitterböse vor sich hingrummelnd, folgt Axel seinem Sohn vier Wochen später zum Training. Unterschreibt mit einer wahren Leichenbittermiene die Beitrittserklärung. Schwört zum wiederholten Male, daß er ihn nie und nimmer am Wochenende zu irgendwelchen Spielen fahren würde. Um dann noch einmal darauf hinzuweisen, daß Fußball in seinen Augen etwas absolut Schwachsinniges sei.
Hier wird er von seinem Sohn unterbrochen: »Also ehrlich, ich finde, da hast du überhaupt keine Ahnung von. Weil, bei Fußball braucht man nämlich auch Strategie. Hat mein Trainer gesagt. Und der muß es schließlich wissen. Und weißt du eigentlich, wieviel Lothar Matthäus verdient? Viel mehr als du.«
Axel klappt der Unterkiefer runter. Und Tim, der gerade mit Siebenmeilenstiefeln in seine Unabhängigkeit marschiert, fügt noch schnell hinzu: »Außerdem hat mein Trainer gesagt, ich kann bei Auswärtsspielen immer bei ihm mitfahren. Und manchmal fährt mich bestimmt auch Lene. Wenn du nicht willst und Thea auch nicht.«

Er schenkt mir sein strahlendstes Lächeln. Jawohl, Tim, von Strategie weißt du schon eine ganze Menge. So leicht läßt du dich nicht mehr in die Irre führen.

Frühjahr '90

Tim, der knapp Zehnjährige, beginnt sich abzunabeln. Will uns und vor allem sich selbst zeigen, daß er jetzt eigene Wege geht. Seine große Unsicherheit und Verletzlichkeit versucht er hinter einer großen Klappe zu verstecken. Nur hin und wieder darf ich unter seine Tarnkappe schauen.

Ende Mai '90

Von einem in unserer Nähe campierenden Bundeswehrbiwak bringt er ein großes Plakat mit der Gorch Fock, dem Segelschulschiff der Marine, mit nach Hause. »Guck mal«, hält er es mir stolz unter die Nase. »Ich habe denen gleich gesagt, ich darf nur was mitnehmen, wo nicht so viel Krieg drauf ist. Und habe auch gesagt, daß ihr eher für den Frieden seid. Mit Demos und so. Aber Segeln ist doch okay, oder? Hilfst du mir, es aufzuhängen?«
Für das Plakat muß eine große Fotokollage weichen, die Tim und ich vor vielen Jahren gemeinsam angefangen und im Laufe der Zeit immer weiter ergänzt haben: Alltags- und Urlaubsfotos, dazwischen Benjamin-Blümchen-Comics, Pumuckl-Abbildungen und jede Menge Aufkleber.
»Können wir jetzt wegwerfen«, verkündet der Junge. »Das war da lange genug. Dafür bin ich jetzt zu alt.«
»Und die Fotos?« Er zuckt mit den Achseln: »Ist mir egal. Ich habe bessere.« Er macht sich an seinem Schreibtisch zu schaffen und zieht einen großen Umschlag hervor. Jede Menge Bilder von Thea. Bei der Arbeit, zu Hause, mit ihrem Sohn. »Na«, fragt er und beobachtet mich genau, »wie gefallen die dir?«
Wieder einmal zucke ich innerlich zusammen. Was soll das, Tim? Was willst du jetzt von mir hören? Laut sage ich: »Die kannst du doch mit auf unser selbstgemaltes Poster kleben.«
Energisch schüttelt er den Kopf. »Nein. Das paßt nicht.«
Entweder oder! Muß er seine beiden Welten wirklich so

voneinander trennen? Tut er es meinetwegen? Weil er spürt, wie eifersüchtig Thea und ich aufeinander sind? Tims Welt ist schwarz oder weiß. Grautöne kommen bei ihm nicht vor. Wie kann ich ihm helfen, Brücken zu bauen?
Vielleicht, überlege ich mir später, ist es schon ein Fortschritt, daß er sich nun traut, Fotos von seiner Mutter aufzuhängen. Sie in seinem Alltag bei uns mit einzubeziehen. Trotzdem, jedesmal, wenn ich in Zukunft sein Zimmer betrete, gibt es mir einen kleinen Stich.

»Rucke di guh, rucke di guh, Stiefmutter bist du!«

Auf jeden Fall ist er konsequent. Schließlich habe ich selbst verkündet, ich könnte Thea als Mutter nicht ersetzen. Es allerdings so drastisch vorgeführt zu bekommen, tut dann doch weh.

Juni '90

Tims zehnter Geburtstag naht. Seine erste Null! Nie hat er sorgfältiger überlegt, wie er diesen Tag verbringen möchte. Schon kurz nach Ostern fertigte er erste Listen an: Geschenkwünsche, Namen seiner Gäste. »Am Freitag habe ich Geburtstag«, stellt er fest. »Dann lade ich am besten am Sonnabend die Kinder ein, weil, dann können sie länger bleiben. Am Sonntag dann die Erwachsenen.«
»Welche Erwachsenen?« frage ich verblüfft. Das Kind sieht mich wichtig an: »Meine Verwandten!« Da Axels und Theas Eltern eindeutig zu weit entfernt wohnen, kann es eigentlich nur meine Familie meinen. So ist es auch! Und zu welcher Gruppe zählt seine Mutter? Mir bricht der Schweiß aus. »Und wann möchtest du, daß Thea kommt?« Der Pfiffikus grinst: »Thea ist ja meine Mutter.« Pause. Ich warte. »Und ich finde, sie kann kommen, wann sie will.« Pause. »Oder hast du etwas dagegen?«
Eine Menge habe ich dagegen. Aber – darf ich das? Es ist sein Geburtstag. Seine Mutter. Soll sie doch kommen. Ich denke an meinen Vorsatz, ihm Brücken zu bauen und grinse zurück, wenn es mir auch schwerfällt: »Nö. Ich habe nichts dagegen. Warum auch?«
»Hätte ja sein können.« Auch Tim setzt sein Pokerface auf.

»Ich geh' jetzt Kassette hören.« Wenig später grölt Alf durch die Wohnung, das kleine Monster vom fernen Planeten Melmec, das Benjamin Blümchens »Tärö tärö« längst vertrieben hat. Ob es auf Melmec einen Platz für flüchtende Stiefmütter gibt, die Angst vor ihrer eigenen Courage bekommen?

Entschlossen, der Vergangenheit und Gegenwart endlich mutig ins Auge zu blicken, schlage ich Axel vor, daß wir das Sammelsurium von Fotos von Tims Geburt bis heute aus den hundert verschiedenen Kisten befreien und ihm zum Geburtstag ein großes Fotoalbum machen. Bisher habe ich es stets vermieden, mir die Bilder der Doeren-Familie anzusehen. Aber wie soll der Junge jemals sein Familienpuzzle zusammensetzen, wenn ich nicht in seine Vergangenheit schauen mag?
Bereitwillig schleppt Axel Kiste um Kiste an. Erstaunt sehe ich zu: »Meine Güte, ich wußte gar nicht, daß du so gern fotografierst.«
»Damals schon«, lächelt er. »Weißt du, als Tim ein Baby war, da konnte man ihn stündlich wachsen sehen. Ich habe das immer wie ein Wunder empfunden.« Über die Fotos gebeugt, erschließt sich mir eine ganz neue Welt: Thea, schwanger, mit dickem Bauch in einer Latzhose. Sie sieht glücklich aus. Und dann Klein-Timmys Geburt. Ein nacktes, nasses Bündel auf dem Bauch seiner erschöpften, aber strahlenden Mutter. Ein Foto von Axel. Er trägt einen weißen Kittel und hält zum ersten Mal den Neugeborenen im Arm. Sein Sohn. »Hat die Krankenschwester gemacht«, erinnert er sich. Babys erstes Bad, die junge Familie verläßt das Krankenhaus. Klein-Timmy im Laufstall. Die ersten wackeligen Schritte.
Zu spät merke ich, daß ich meine Unterlippe blutig gebissen habe. Die Fotos tun mir weh. Viel mehr, als ich geahnt habe. Ist das meine Wut auf Thea? Diese Verschmelzung zwischen Mutter und Kind? Die ich mit Tim nie haben werde? Oder gibt es sie nur in meiner Phantasie? Bin ich auf ein Phantom eifersüchtig?

»Rucke di guh, rucke di guh, Stiefmutter bist du!«

Blauer Himmel, blaues Meer: jede Menge Bilder aus Griechenland. Und in meiner Erinnerung höre ich Tims dünnes Stimmchen: »Das war mein tollster Urlaub. Mit Thea und Axel in Griechenland.« Damals, als er noch glaubte, eine heile Welt zaubern zu können...
Danach der erste erkennbare Bruch. Thea ist auf den Fotos immer weniger zu sehen. Tim und er hätten in der Zeit schon viel allein unternommen, erklärt Axel. Eine Familie seien sie da wohl nicht mehr gewesen. Dann fördert er doch noch ein Familienfoto zutage. Axel, Thea, Tim. Beim Fotografen. Die beiden Erwachsenen lächeln ziemlich gequält. Das Kind sieht äußerst neugierig in die Kamera.
»Ist das nicht...?«
Axel nickt. Ja. Aufgenommen ein halbes Jahr vor ihrer Trennung. Als Weihnachtsgeschenk für Axels Eltern und Theas Mutter. Während meines ersten Besuchs bei Axels Eltern hing dieses Foto noch an der Wohnzimmerwand. Gleich neben dem Papst. Von keinem Gast zu übersehen. Dann, kurz nach der Scheidung, eine Visite mit Tim. Ein Blick auf die Wand, ein Blick auf Tim, und mir wurde ganz schlecht. Das Foto hing dort immer noch. Nur, Thea fehlte. Abgeschnitten! Ich konnte es nicht glauben. Regelrecht abgetrennt. Das Kind sah das Foto an. Runzelte die Stirn. Ließ sich an diesem Wochenende nicht ein einziges Mal von seinen Großeltern umarmen. Weigerte sich energisch, mit zur Kirche zu gehen. Axel fuhr mit seinen Eltern zur Messe. Tim und ich blieben da. Er spielte auf dem Fußboden mit Legos. Blickte hin und wieder zur Wand. Sprach kein Wort und schien mehr und mehr mit dem Mauerwerk zu verschmelzen. Am nächsten Morgen war das Bild verschwunden. Dem war ein ziemlich heftiger Streit zwischen Axel und seinen Eltern vorausgegangen.
Eine fast leere Wand. Nur ein gütig lächelnder Papst – und ein weißer Fleck. Bei jedem neuen Besuch schaute ich, beinahe schon automatisch, als erstes auf die Stelle. Timmy auch. Ich ahnte, was in ihm vorging, doch was er hinter seiner Wand tatsächlich sah, hat er uns nie verraten.

»Und der kleine Prinz wiederholte besonders: ›Das Wesentliche ist für die Augen unsichtbar.‹«

Eine neue Kiste. Ein neues Leben. Thea ist verschwunden. Wie abgeschnitten. Dafür Auftritt: Lene! Nein, Axel und ich sind uns einig. So nicht. Von Thea besorgt er heimlich weitere Fotos. Thea und Tim in Goltern. Ihre Ferien in Österreich. Tim und Ria. Tim im Forsthaus. Bei der Jagd. Dazwischen unsere Bilder: Einschulung. Unsere Urlaube. Meine Verwandten. Schulfreunde. Unsere Hochzeit.
Zwar kein Miteinander, ganz sicher keine heile Familie. Aber wenigstens ein Nebeneinander. Ein Familienpuzzle. Einzelne Scherben, die gekittet sind. Die Risse sind nicht zu übersehen. Sie gehören dazu. Zu unserer Stieffamilie.

»Rucke di guh, rucke di guh, Stiefmutter bist du!«

7. Juni '90 – Tims zehnter Geburtstag

Das heißersehnte Fahrrad steht im Wohnzimmer. Feuerrot, wie sein Kinderrad. Damals... Die Stützräder braucht er längst nicht mehr. »Manno, das ist ja super!« schreit er los, begutachtet den Renner von allen Seiten. Fünfgangschaltung, Trommelbremsen, Rennlenker. Alles dran, was der junge Mann begehrt. »Echt geil«, lobt er uns. Erst nach einer ganzen Weile entdeckt er den dicken ledernen Ordner. Eher zögernd packt er ihn aus.

»Die böse Stiefmutter aber war eine Hexe...«

Schlägt die erste Seite auf. Sieht seine Geburtsanzeige. Das winzige Bündel auf Theas Bauch. Die Nabelschnur ist gerade durchtrennt worden. Er schluckt. Klappt das Buch wieder zu. Aus ist's mit seinen flotten Machosprüchen. Tim, der Große, wird in Windeseile wieder ganz klein.
»Du mußt dir das jetzt nicht angucken«, sage ich zu ihm. Irgendwie in der stillen Hoffnung, die Vergangenheit, die mir solche Bauchschmerzen macht, damit auslöschen zu können. Er runzelt die Stirn, zögert ein paar Sekunden: »Vielleicht können wir ja zusammen...« und schaut seinen Vater an. Klein-Timmy setzt sich auf Papas Schoß.
Ich rücke meinen Stuhl daneben. Halte Distanz zum Kind. So, wie Tim gerade zu mir. Das Album: eine Zeit, zu der ich nicht gehöre. Wieder spüre ich den Schmerz.

»Rucke di guh, rucke di guh, Stiefmutter bist du!«

Der Kakao wird langsam kalt. Das neue Rad ist vergessen. Tim durchforstet sein erstes Lebensjahrzehnt, hat plötzlich tausend Fragen. Erinnerungen. Er lacht über den kleinen Nackedei am Strand, der er mal war. Über das Pummelchen an Theas Hand, das seine ersten Schritte macht. Er greift nach meinem Arm, als er auf das »Familienfoto« stößt: »Weißt du noch«, meint er leise, »bei Oma und Opa?«
Ich nicke, rücke ein Stück näher an ihn heran. Mehr sagt er nicht. Bilder von Ria. Tims Tränen fließen. Vorsichtig umarme ich ihn und Axel. Einen Moment sitzen wir ganz still. Porträt einer Familie.
Das Telefon klingelt. Thea gratuliert ihrem Sohn. Der kurze Moment der Verschmelzung ist vorbei. Ich gehe in die Küche, mache die Schokolade wieder heiß. Höre, wie Tim jubelt: »Au ja, bis nachher dann.«

»Rucke di guh, rucke di guh, Stiefmutter bist du!«

Am Nachmittag

Tim sitzt am Fenster. Starrt ins Leere. Wartet auf Thea. »Dreh doch zwischendurch mal eine Runde mit dem neuen Fahrrad.«
»Och nö. Hab' keinen Bock.«
Tim wartet. Thea kommt nicht. »Tim, was habt ihr denn verabredet? Hat sie keine Uhrzeit gesagt?« Er zuckt mit den Schultern. Ist zu sehr damit beschäftigt, seine Tränen herunterzuschlucken, sich nicht unter seine Tarnkappe blicken zu lassen.
Wie damals. Klein-Timmy auf seinem Kinderrad: Meine Mama wohnt hier nicht. Die ist weggezogen. Aber bald kommt sie mich besuchen. Wie lang sind drei Wochen?

»Da begann eine schlimme Zeit für das arme Stiefkind.«

Der Nachmittag geht vorüber. Tim rührt seine Geburtstagstorte nicht an. Wenn ihr nun etwas passiert ist, denke ich. Und weiß, daß es nicht so ist. Ich spüre wieder einmal diese mörderische Wut. Statt Brücken zu bauen, sollte ich ihr lie-

ber den Hals umdrehen. Ist es Tims Wut, die ich ihm abnehme? Er sitzt dort wie eine Statue. Ist schon längst hinter seiner Wand verschwunden. Wie Axel: »Ich halte das nicht aus«, flüstert er mir zu und macht einen Spaziergang. Tim merkt nicht einmal, daß sein Vater fortgeht.
Die Kirchenglocken läuten – sechs Uhr abends. Ich werde energisch: »Vielleicht ist ihr ja etwas dazwischengekommen. Auf jeden Fall kannst du doch nicht die ganze Zeit hier sitzen und warten ...«
Er kann. Er hört mich nicht einmal. Hinter seiner Wand.
Wie schon so oft, sitze ich wie angenagelt neben ihm und weiß keinen Rat. Halb sieben. Ein Auto biegt um die Ecke. Diesmal das richtige.
»Thea kommt«, seufzt Tim. Blickt mich zum ersten Mal an. »Sie ist da.« Ja, sie ist da. Umarmt stürmisch ihren Sohn. Ein wahrer Geschenkeregen geht auf ihn nieder. Ihr sei leider noch etwas dazwischengekommen. Ob er einen tollen Geburtstag gehabt habe?
Tim läßt sich nichts anmerken. Was habe ich erwartet? Daß er sie anschreit? Er ist begeistert über seine Geschenke. Über seine Mutter. Sie hat ihn nicht vergessen. Sie ist da.
Ich stehe in der Küche. Mit geballten Fäusten. Weiß nicht, wohin mit meiner Wut. Möchte alle Brücken in die Luft sprengen. Höre eine ganz leise Stimme: »Warum geben Sie dieser Frau soviel Macht?« Die Stimme von Frau Hain.
Thea steckt ihren Kopf durch die Tür, lächelt unsicher: »Hallo. Ist etwas später geworden. Ich habe auch nur ein halbes Stündchen Zeit.«
»Magst du ein Stück von meiner Geburtstagstorte? Ich habe mit dem Anschneiden extra auf dich gewartet.«
»Klar«, meint Thea. »Aber warten solltest du nicht. Du weißt doch, daß ich immer viele Termine habe. Und dann kann mein Zeitplan eben schnell mal durcheinandergeraten.«
Mutter und Sohn sitzen am Kaffeetisch. Tim zeigt sein Fotoalbum. Ganz vertieft sind die beiden. Die böse Stiefmutter steht in der Küche. Macht sich schnell daran, Zwiebeln zu schneiden. Gute Tarnung!
Entfernt höre ich die beiden weißen Täubchen auf dem Fensterbrett miteinander tuscheln. Ja. Ich weiß. Stiefmutter!

Dann ein kurzer Aufschrei von Thea: »Meine Güte, jetzt muß ich aber schnell los. Bis übernächstes Wochenende. Wir können ja telefonieren.«
Weg ist sie. Tim kommt in die Küche: »Ein toller Geburtstag. Die Torte war ganz lecker.« Und dann: »Bist du sauer? Oder traurig?«
Ach, Tim. Sauer? Traurig? Nein. Wohl einfach nur hilflos. Und Stiefmutter. Tim dagegen strahlt: »Ist doch toll, daß Thea doch noch gekommen ist. Wo sie doch soviel zu tun hatte.«
Stürmisch umarmt mich der junge Mann. Wer hat auch je behauptet, daß Brückenbauen einfach ist. Mir fällt jener Architekt ein, der sich bei einer großen Autobahnbrücke mit der Statik verrechnet hatte. Und sich deshalb nach der Einweihung herunterstürzte. Nee, das dann doch nicht. Über Tims Kopf hinweg strecke ich den beiden Täubchen dort draußen die Zunge raus.

Ende Juli '90

Wir sitzen im Flugzeug. Unterwegs nach Kanada. Vier Wochen Urlaub. Mit einem Campingbus wollen wir quer durchs Land. Einen ganzen Monat lang. Nur wir drei. Axel, Tim und
Ich, Lene, im August 1990 sechs Jahre Stiefmutter. Mit ein wenig Bauchweh im Kopf. Bei soviel Nähe – oder auch nicht?

Das verflixte siebte Jahr

Vier Wochen im August '90

Die Landschaft ist atemberaubend. Mit einem Sessellift fahren Tim und ich auf einen hohen Berg. Ein heiliger Berg, erkläre ich ihm. Erzähle von den Indianern, die hier früher ihre Zeremonien abgehalten haben. Vielleicht tun sie es heute noch. Es geht steil bergauf. Ein wenig mulmig ist mir schon zumute. Auch Tims kesse Lippe ist längst verstummt. »Komm, da fahren wir hoch«, hatte er verkündet. »Oder habt ihr etwa Schiß?«
Axel hatte. Ich wähnte mich schwindelfrei. Die Luft wird kälter. Wir tauchen in Nebelschwaden ein. Und wieder heraus. Das Kind rückt dichter an mich heran. Tim und ich ganz allein auf dieser Welt. Für einen winzigen Moment. Dann ein Ruck. Wir sind oben angelangt. Der Nebel zu unseren Füßen und ein Ausblick einmal um die ganze Erde. Fast scheint es so.
»Hier wohnt bestimmt Manitou«, verkündet der Zehnjährige fast andächtig. »Und alle waren schon mal hier und haben ihn besucht. Winnetou, Old Shatterhand, Lederstrumpf. Vielleicht sogar Kapitän Hornblower. Und jetzt wir.« Tim und ich bei Manitou. Ich atme tief durch. Doch bevor ich mich ganz dieser eigentümlichen, fast rührseligen Stimmung hingeben kann, ist der Junge bereits verschwunden. Steht an der Seilbahn und probiert an dem Wächter seine zehn Worte Englisch aus. »Der kannte Winnetou überhaupt nicht«, meint er enttäuscht, als wir die lange Rückfahrt antreten. »Aber als Winnetou und Old Shatterhand hier waren, gab es den auch noch gar nicht.«
»Oder umgekehrt«, sage ich. »Du weißt doch, daß Karl May die nur erfunden hat.« Er zieht die Stirn kraus: »Woher willst du das wissen? Ich finde, manchmal ist es viel wichtiger, was man glaubt, als das, was echt ist.«

»Hier ist mein Geheimnis. Es ist ganz einfach: ›Man sieht nur mit dem Herzen gut, das Wesentliche ist für die Augen unsichtbar.‹«

»Und dann manchmal«, sinniert er weiter, »wird das, was man ganz doll glaubt, auch wahr.« Ich lege den Arm um ihn. Der Junge seufzt: »Aber eben nur manchmal. Nachts zum Beispiel. Wenn ich mir abends beim Einschlafen etwas herbeizaubere, dann wird es nachts wahr. Ist das bei dir auch so?«
»Ja. Hin und wieder ist das bei mir auch so. In der Nacht.«
Tim holt tief Luft, und während wir in die nächste Nebelbank hineinfahren, tönt seine Stimme aus dem Nirgendwo: »Dieser Urlaub ist genauso toll wie der mit Thea und Axel in Griechenland.« Und dann ganz leise: »Vielleicht sogar ein bißchen toller. Weil damals, da kannte ich ja Winnetou und Old Shatterhand noch nicht. Und...« Er greift nach meiner Hand, »...dich kannte ich da auch noch nicht. Komisch, nech? Denn jetzt kennen wir uns schon fast ein ganzes Leben.« Ja, Tim, fast. Wir sind mitten im verflixten siebten Jahr. Ob es das wird?

Nach drei Wochen wird Tim unruhig. Klar, das Wohnmobil ist ganz schön eng, und wir hängen ja auch sehr aneinander, sagen wir uns. Logisch, daß er etwas nervös ist. Nein, meint Tim, nervös sei er nicht. Nur, so ein komisches Gefühl. Fast so wie Bauchweh im Kopf...
Ich sehe ihn prüfend an: »Bedrückt dich etwas?«
»Weiß nicht. Vielleicht kann ich ja mal mit Thea telefonieren.«
»Aber die siehst du doch schon in eineinhalb Wochen. Und dann hast du noch vierzehn Tage Ferien und bist die ganze Zeit bei ihr.«

»Und der kleine Prinz wiederholt besonders: ›Das Wesentliche ist für die Augen unsichtbar.‹«

»Laß uns doch einfach hierbleiben«, schlage ich Axel an unserem letzten Abend vor. »Du wirst Holzfäller, wir bauen uns eine Hütte in den Wäldern. Tim geht auf die Jagd...«
»...und in einem Jahr sind wir geschieden«, grinst mein lieber Mann.
Der Abschied von Kanada fällt mir schwer. Aus Angst vor der Rückkehr? »Jetzt habe ich auch Bauchweh im Kopf«,

sage ich lächelnd zu Tim im Flugzeug. Der sieht mich ernsthaft an: »Ich auch.«
Irgendwie vergeht mir das Lächeln.

Zu Hause angekommen, erwarten uns die beiden Täubchen. Brauche ich sie immer noch? Und ein riesiger Berg Post. Tim sieht den Umschlag sofort. Ein Brief von Thea. Das Gurren der Täubchen wird lauter. Tim sitzt mitten zwischen den Koffern auf dem Fußboden und liest. Für Axel sind auch ein paar Zeilen dabei. Er überfliegt sie kurz, wird schneeweiß. Ich sehe ihm über die Schulter, lese einzelne Worte: »berufliche Veränderung – Superangebot für zwei Jahre – erst letzte Woche ergeben – bin weggezogen – kann Tim leider jetzt nicht sehen – werde ihn aber regelmäßig weiter besuchen – komme am übernächsten Wochenende – hoffe, Ihr hattet schönen Urlaub.«
»Thea ist weggezogen«, Tims Stimme klingt wie aus Glas. Klein-Timmy: Meine Mama wohnt hier nicht. Sie ist weggezogen. Wie lange sind drei Wochen?
Thea ist weggezogen, und Tim hat es geahnt. Wieder ist ein Alptraum für ihn wahr geworden. Und jetzt?

»Rucke di guh, rucke di guh, Stiefmutter bist du!«

Zu dritt hocken wir auf dem Teppich. Ich schaue auf Tims Brief: »... Axel wird dir das am besten erklären können. Ich hab dich lieb, Gruß und Kuß von Thea.« Was, um Himmels willen, soll er ihm erklären?

»Der Bösewicht verstellt sich oft, aber an seiner rauhen Stimme und an seinen schwarzen Füßen werdet ihr ihn erkennen.«

Tim sitzt aufrecht. Regungslos. Mit einem völlig leeren Blick. Lieber Gott, laß ihn nicht wieder hinter seiner Wand verschwinden! »Tim«, versucht Axel es leise. »Tim?« Keine Antwort. Er zieht ihn auf seinen Schoß. Der Kleine schluchzt einmal tief auf. Die Tränen fangen an zu kullern: »Das ist gemein. Das ist ja so gemein.«
Eine Wärmflasche, Bauchweh-im-Kopf-Kekse, Teddy Mecki, der kleine Trommler – alle Hilfsmittel versagen diesmal. Tim ist untröstlich. Sein gutes Recht. »Möchtest du

heute bei mir schlafen?« fragt Axel ihn abends. »Nein«, das Kind schüttelt den Kopf. »Ich geh' lieber in mein Bett. Weil ich da zaubern kann vor dem Einschlafen.« Ach, Tim! Deine Zauberkraft wird nur für die Nacht reichen.
Wie oft habe ich mir gewünscht, Thea möge verschwinden. Sich einfach in Luft auflösen. Weg mit ihr und mit allen Problemen. Aber schon lange weiß ich, daß es so einfach nicht ist. Tim braucht sie. Seine Mutter. So, wie er mich braucht. Als Stiefmutter. Und Axel.

»Du bist zeitlebens für das verantwortlich, was du dir vertraut gemacht hast.«

Ein Sonnabend, Anfang September '90

Kurzfristig entscheidet sich Tim am Morgen, schwimmen zu gehen. Für zwölf Uhr hat sich Thea angesagt, um ihn für das Wochenende abzuholen. Axel meint, ich solle das Kind begleiten, dann könne er allein mit Thea reden. O nein! Meine Wut macht ihm angst.
Um kurz nach zwölf klingelt es. Thea! Von Tim, dem Überpünktlichen, noch keine Spur. Sie setzt sich an den Eßtisch. Wie gehabt. Nur, diesmal sitze ich ihr gegenüber. Axel lehnt an der Wand. Im Abseits.
High Noon in unserem Wohnzimmer. Thea zündet sich eine Zigarette an. Wie immer nervös. Wir halten uns nicht lange mit Vorreden auf. Thea und ich. Axel lehnt an der Wand. Im Abseits.
Ärger und Wut, Enttäuschungen und Trauer, sechs Jahre lang angestaut, brechen aus mir heraus. Und aus Thea. Axel lehnt an der Wand.
Unsere Stimmen werden lauter. Wir schreien uns an. Axel schweigt. Ich werfe ihr vor, sie würde sich einen Dreck um ihren Sohn kümmern. Jeder wüßte das! Thea schlägt zurück: Von mir würde sie sich überhaupt nichts sagen lassen. Ich hätte keinerlei Rechte, was Tim anginge. Tim sei allein ihr Kind. Und Axels. Der lehnt an der Wand. Im Abseits. Schweigt.
Jugendamt! Wieder einmal fällt das Wort. War ich es? War sie es? Jugendamt! Und Tim steht plötzlich im Zimmer.

Keiner hat ihn gehört. Sieht uns an. Zieht sich sofort zurück. Hinter seine Wand. An der auch Axel lehnt. Und sich jetzt schützend vor seinen Sohn stellt: »Du hättest«, sagt er leise zu seiner Exfrau, »Tim nichts Schlimmeres antun können. Wegzugehen, während er fort war. Ihm nur einen Brief zu hinterlassen. Die Ferien, die er bei dir verbringen wollte, auf die er sich seit Monaten gefreut hat, ersatzlos zu streichen.«

Thea weint: »Es kam alles so plötzlich. Ich habe in dem Moment gar nicht an Tim gedacht.« Der ist inzwischen in der Küche. Holt sich Kekse. Ich halte mich an der Tischkante fest. Hat sie jemals an ihr Kind gedacht? Ich hole Luft. Thea steht auf: »Tim, ich warte im Auto auf dich.«

Axel begleitet seinen Sohn vor die Tür. Ich bleibe sitzen. »Geht es dir jetzt besser?« fragt er leicht sarkastisch, als die beiden weggefahren sind. »Hat es dir wenigstens etwas genutzt? Fühlst du dich jetzt gut?«

Nein! Nein!! Nein!!!

Thea wird Tim niemals so wie ich sehen. Sie ist nun mal Thea. Nicht Lene. Tims Mutter, die den Weg geht, den sie für richtig hält. Und ich meinen. Den ich für richtig halte. Manchmal mehr. Manchmal weniger. Vielleicht führen unsere beiden Wege parallel in die Unendlichkeit. Vielleicht gelingt es uns aber auch hier und da, eine Brücke zu bauen. einen Steg. Nur, im Moment wohl nicht. Im verflixten siebten Jahr.

Und Tims Weg? Wie sieht der aus?

»Thea behält ihre Wohnung in Gründern«, verkündet er, als er am Sonntagabend wieder zu Hause ist. »Und alle zwei Wochen kann ich sie dort besuchen. Von Sonnabendmittag bis Sonntagabend. Wenn...« Und er streckt sich ein wenig, »...wenn ich nicht gerade ein Fußballspiel habe. Und in den Herbstferien fahren wir zusammen weg. Und nächstes Jahr in den Sommerferien auch.«

Theas und meinen Streit erwähnt er nicht. Zunächst nicht.

Ein Sonnabend, Mitte September '90

Endlich haben wir Zeit für eine gemeinsame Radtour, und Tim kann einmal richtig seinen neuen Renner ausprobieren. Wir picknicken im Wald. »Kannst du dich an diesen Wald erinnern?« frage ich ihn. Er schüttelt den Kopf. »Hier waren wir schon mal vor vielen Jahren. Damals, als du noch an Hexen geglaubt hast.«
»An Hexen?« lacht das Kind. »Und du, hast du da auch an Hexen geglaubt?«

»Die böse Stiefmutter aber war eine Hexe und war den Kindern nachgeschlichen, heimlich, wie die Hexen schleichen, und hatte alle Brunnen im Wald verwünscht.«

»Ja«, sage ich nachdenklich, »da habe ich wohl auch noch an Hexen geglaubt. Und an böse Stiefmütter...«
Tim zieht den Keks wieder weg, den er sich gerade in den Mund schieben wollte, richtet sich auf, nimmt seine Muthaltung ein: »Du bist keine böse Stiefmutter. Nur...« er zögert. Vorsichtshalber höre ich auch auf zu kauen, sehe in der Ferne Axel, der nach Blaubeeren sucht und schaue Tim aufmerksam an. Er blickt ernsthaft zurück: »Dein Streit mit Thea neulich. Da habt ihr euch um mich gestritten. Stimmts?«
»Auch. Aber nicht nur. Weißt du, Thea und ich...« Aber Tim ist an keinen Erklärungen interessiert und fällt mir ins Wort: »Thea ist meine Mutter. Und deshalb kennst du sie. Weil du meine Stiefmutter bist. Und Axel geheiratet hast. Deshalb streitet ihr euch um mich. Und um sonst keinen.«
»So einfach ist das nicht, Tim.« Oder doch? Er läßt sich nicht unterbrechen: »Thea ist meine Mutter.«

»Rucke di guh, rucke di guh...«

Hoch über uns auf dem Baumwipfel sitzen sie. Die beiden Täubchen.
»Und ich finde, ich bin ja jetzt schon zehn Jahre alt. Und ich finde, du mußt dich da überhaupt gar nicht einmischen. Weil, das ist ja meine Sache. Wir können ja einen Vertrag schließen.«
»Und was soll da drinstehen?«

»Na ja, daß du dich um mich kümmerst, wenn ich bei dir bin. Und wenn ich bei Thea bin, ist sie für mich zuständig. Ist doch eigentlich auch logisch. Wenn man zwei Mütter hat. Oder?«
Tim sitzt ganz still. Sieht mich erwartungsvoll an. »Guck mal da«, meint er plötzlich, »die beiden Täubchen. Ob die mir wohl aus der Hand fressen?«
»Versuch's doch mal. Und wir schließen einen Vertrag. Das geht in Ordnung.«
»Super«, meint der Zehnjährige und lockt die Vögel mit Brotresten. Die überlegen nicht lange und lassen sich gern von ihm füttern. »Meine Güte, sind die zutraulich«, wundert sich Axel, der mit einer Schüssel Blaubeeren zurückkommt.
Kein Wunder, denke ich, schließlich habe ich sie auch sechs lange Jahre gezähmt. Oder sie mich? Mit dem Ergebnis, daß sie Vater und Sohn jetzt aus der Hand fressen. Für einen kleinen Augenblick. Dann ziehen sie sich auf ihren Baum zurück. Ich weiß, es ist Zeit zu gehen.
Axel fallen seine Beeren wieder ein: »Blaubeeren mit Milch«, schwärmt er. »Jetzt laßt uns mal nach Hause fahren.«
»Lecker«, schreit Tim und schwingt sich auf sein Rad. Langsam folge ich den beiden. Drehe mich noch einmal um. Meine zwei gefiederten Weggefährten bleiben auf einem Ast hocken. Ihr *»Rucke di guh, Stiefmutter bleibst du«* nehme ich mit. Für immer.
Ich, Lene, 33 Jahre alt, Stiefmutter im verflixten siebten Jahr.